ÉTATS-UNIS

L'ALBUM

ÉTATS-UNIS

Texte
MARC SAPORTA

Photographies
GÉRARD SIOEN

Pour Isabel

I

LE RÊVE AMÉRICAIN

L'espace, la liberté, l'opulence.
Le puritain, le cow-boy et l'insurgent.

1

D'abord, l'espace. Il y avait devant eux quatre mille kilomètres de terres vierges, en profondeur. Ils ne le savaient pas. Ils débarquèrent sur un tout petit bout de terre. S'y installèrent, y vécurent. Mais un jour, leurs descendants traverseraient ces quatre mille kilomètres. Ce ne serait pas une épopée cinématographique fraîche et joyeuse, mais la peine, les morts, la peur. Au cinéma, on ne voit que l'épopée : le héros et l'héroïne s'en sortent toujours et se marient même à la fin du film. La mort, c'est pour les autres. La mort, c'est toujours celle des autres. Mais même dans les films, il y a aussi une bonne partie du reste : la loi de la jungle, le dur labeur de défrichement, les luttes contre les Indiens, les luttes entre les cultivateurs et les éleveurs de bétail qui exigent le droit de passage pour leurs troupeaux et dévastent les récoltes, arme au poing. A qui ruinera l'autre, à qui tuera l'autre, dans les étendues de l'Ouest.

Puis, c'est la construction des chemins de fer. Les compagnies ferroviaires imposent leurs tarifs aux paysans et font monter le prix du transport des grains jusqu'au seuil de tolérance du fermier. C'est une nouvelle lutte qui se livre, aussi féroce que celle du cultivateur contre l'éleveur, dans un climat de corruption municipale où les droits de chacun ne sont plus garantis. Et puis, bien plus tard, c'est l'espace sillonné d'autoroutes sur lesquelles on va de New York à San Francisco, dans de confortables voitures, gigantesques et climatisées.

Au commencement, donc, était l'espace dans lequel sont taillés les États-Unis. C'est l'espace qui a fourni le matériau avec lequel s'est construit ce pays. C'est l'espace que le gratte-ciel traduit dans le langage de l'architecte, que les gigantesques ponts expriment dans le langage de l'ingénieur, que les scènes de poursuites et de western évoquent dans le langage du cinéaste.

Et puis, il y a la liberté. Ils en avaient déjà une idée en débarquant. A bord du *Mayflower*, le bateau qui les amenait d'Europe, en 1620, ils avaient signé un pacte. C'était déjà, en quelque sorte, une Constitution. Ils y avaient indiqué comment ils allaient se gouverner. Ils se gouverneraient, disaient-ils, eux-mêmes. Sans pour autant cesser de se tenir pour les loyaux sujets du roi d'Angleterre. Mais heureusement le roi était loin. Ils débarquèrent donc dans la baie de Plymouth et se mirent à l'oeuvre. On construisit des cabanes en rondins. On défricha, on planta. Il y avait des graines nouvelles pour compléter celles qu'ils avaient apportées d'Europe ; du maïs, cet aliment inconnu ; du gibier en abondance, des dindes sauvages, des daims ; de quoi se nourrir jusqu'à la récolte. Un Indien leur donna un bon conseil : enterrer des petits poissons dans les champs cultivés, en guise d'engrais. Beaucoup moururent ; d'épuisement, de maladies inconnues, mais pas de la main des Indiens. En cela ils eurent plus de chance que leurs premiers prédécesseurs : les colons débarqués plus au sud, sur la côte, quelques années auparavant, en 1590, avaient purement et simplement disparu sans laisser de traces ; même pas de cadavres ; seulement, sur un poteau, le dessin d'une flèche (on ne sut jamais si c'était pour indiquer la direction qu'ils avaient prise ou pour faire savoir qu'ils étaient attaqués par une tribu sauvage).

N'importe, ils étaient libres, notamment de pratiquer leur religion ; c'était pour cela qu'ils avaient fui les persécutions anglaises. *Leur* religion. Un protestantisme puritain bien différent de l'anglicanisme du roi. En vérité, il se passerait bien du temps avant qu'ils accordent à autrui la liberté de pratiquer une autre religion. Leur conception de la liberté s'arrêtait à eux-mêmes. Longtemps après, deux siècles plus tard, l'un deux ferait acclamer par les autres une Déclaration dans laquelle il était dit que les hommes sont créés égaux et qu'ils possèdent des droits inaliénables : le droit à la liberté, à la vie et à la recherche du bonheur. C'était en 1776. Et ces mots leur étaient montés à la tête, et ils avaient pris les armes, proclamé leur indépendance, livré bataille au roi d'Angleterre, gagné la guerre et fondé leur république sous une bannière étoilée. Mais il avait fallu bien du temps pour y parvenir, depuis le premier débarquement dans la baie de Plymouth ; et il faudrait presque autant de temps pour que les mots contenus dans la Déclaration deviennent une réalité.

Dans l'intervalle, les Noirs resteraient esclaves pendant un siècle encore et les Indiens n'auraient pas le droit à la vie, à la survie.

A vrai dire, le sol était si riche, le commerce si lucratif, qu'avec un tout petit peu de chance et du coeur à l'ouvrage on vivait beaucoup mieux qu'en Europe. Peu de temps après leur installation, beaucoup de nouveaux venus avaient réalisé ce qui était en Europe un rêve impossible : amasser quelques biens, se nourrir en suffisance, ne dépendre de personne, poursuivre librement la recherche du bonheur.

Certes, pour les immigrants qui commençaient à arriver en foule, après l'Indépendance, au XIXe siècle, le bonheur ce n'était pas chose faite sur le débarcadère. Après une traversée pénible au cours de laquelle les passagers mouraient par dizaines sur les bateaux où ils s'entassaient dans des conditions souvent épouvantables, les nouveaux venus passeraient par un long purgatoire. Main-d'oeuvre bon marché, ils allaient crever à la tâche, creuseraient des canaux, paveraient des villes, et plus tard s'entasseraient dans des taudis malsains, travailleraient dans des fabriques insalubres, pour que leurs descendants bénéficient de la liberté et de l'opulence que leurs ancêtres n'avaient pas connues dans le Vieux Monde. Tout au long du XIXe siècle, ils étaient accourus ainsi par milliers, par dizaines, centaines de milliers, puis par millions, attirés par la légende du rêve américain, vers ce pays dont on disait que les rues étaient pavées d'or. Mais après une dure période d'adaptation, une très dure période d'adaptation, ils commençaient, pour la plupart, à s'en sortir. La génération suivante connaîtrait des conditions de vie meilleures. Malgré des à-coups, des accrocs, des crises économiques, le niveau de vie s'élevait. Bientôt, dans la seconde moitié du XXe siècle, ce serait l'opulence, sauf pour les laissés-pour-compte, oubliés par le rêve américain — ceux qui n'étaient pas dans le rêve des autres.

Car il y aurait aussi l'opulence. Et le plus haut niveau de vie que l'homme ait jamais connu. Alors que toute l'humanité avait vécu depuis le début des temps dans la pénurie — et que les neuf dixièmes de l'humanité continuaient de vivre dans la pénurie — l'Amérique avait trouvé la recette de la richesse, qui comme on sait fait une partie du bonheur. Dès le milieu du XIXe siècle, l'Amérique avait compris l'intérêt de quelques découvertes dont les Européens ne savaient pas tirer parti : la spécialisation des tâches et la répartition du travail. Dommage que la fabrication en série ait pris son essor au moment où la guerre de Sécession, entre le Nord et le Sud, exigeait la fabrication de millions de fusils ! Mais bientôt ce serait les moissonneuses que l'on produirait ainsi. Puis les voitures à la chaîne.

L'espace, la liberté, l'opulence. L'espace, ils l'avaient trouvé, mais il avait fallu le conquérir à dures peines, dans des conditions parfois sordides, parfois glorieuses. La liberté, ils l'avaient acquise, ils l'ont même, à l'occasion, propagée, à travers le monde, non sans des erreurs regrettables parfois, tant pour eux que pour les autres, mais on peut compter qu'ils sauront la défendre. Leur opulence est réelle, indiscutable, générale, même si elle n'est pas toujours bien partagée. Au demeurant, qui donc a dit que la liberté et l'égalité se contrarient sans cesse ? Liberté *ou* égalité, tel est le dilemme américain. L'égalité figure elle aussi dans la Déclaration d'Indépendance. On s'en est rendu compte un peu tard. La liberté est un absolu. Mais comment concilier l'absolu et les limites de la liberté ? Un juge américain l'a exprimé dans l'une de ces formules dont les Yankees ont le secret : «Votre liberté de balancer votre poing finit là où commence mon nez.» L'égalité est-elle seulement celle des chances au départ ? Ou faut-il y ajouter un brin d'égalité des parts à l'arrivée ? C'est l'un des problèmes de l'Amérique. Il a commencé à hanter les esprits dès le début du siècle. Il a pris une ampleur cauchemardesque lors de la grande crise économique de 1929, puis pendant les années trente ; Franklin Roosevelt s'y est attaqué avec un certain succès, mais il resurgit sans cesse ; John Kennedy s'y est attaqué à son tour, puis Johnson qui avait déclaré la guerre contre la pauvreté, avec Martin Luther King et toute la jeunesse contestataire des années soixante. Le rêve américain existe, mais peut-on faire que, dans chaque lit, même confortable à souhait, les dormeurs ne rêvent pas chacun pour soi ?

2

Le rêve américain, l'esprit de l'Amérique, la civilisation américaine ont été façonnés par trois hommes, trois archétypes, trois mythes : le puritain, le cow-boy et l'*insurgent*, qui ont laissé leur marque partout. C'est eux qui sont responsables des contradictions de la vie américaine, des qualités et des défauts que l'on constate aux États-Unis.

Les puritains avaient débarqué, au XVIIe siècle, vers le nord de la côte

Est, dans la région qu'ils ont appelée la Nouvelle-Angleterre et qu'a vite dominée la ville de Boston. Leur rigueur morale, parfois étouffante, leur intolérance même, est à l'origine du souci que les Américains ont toujours montré pour un certain conformisme social ; on le leur reproche et d'aucuns vont même jusqu'à les taxer d'hypocrisie à cet égard. D'autres admirent, non sans raison, l'étalage de bons sentiments dont ils font preuve et qui influe même sur leur politique internationale. La question est à l'ordre du jour depuis bien longtemps. C'est certainement la raison pour laquelle les États-Unis sont intervenus dans deux guerres mondiales. La défense de la démocratie les a toujours trouvés prêts à se lancer dans des entreprises dangereuses, coûteuses, meurtrières, même lorsqu'ils ont fini par y trouver leur intérêt. On ne fait jamais vibrer en vain, chez eux, la fibre morale. Mais comme toujours, en ces matières, il faut chercher à démêler le vrai du faux. L'esprit des puritains qui préside à cet aspect du comportement américain mérite que l'on s'y arrête un instant.

L'un des romans les plus importants de la littérature mondiale, *La Lettre écarlate*, de l'écrivain américain Nathaniel Hawthorne, rend bien compte de ce qui se passait dans les petites colonies puritaines de la Nouvelle-Angleterre. On y voit comment la belle Esther Pryne est attachée au pilori puis condamnée à porter sur ses vêtements, pour le restant de ses jours, la lettre A taillée dans du tissu rouge, qui la désigne comme adultère parce qu'elle a donné le jour à une petite fille, alors que son mari a disparu en mer depuis fort longtemps, sans que l'on sache s'il est mort ou vivant. On y voit également toute l'étroitesse d'esprit de ces puritains attachés à la morale la plus stricte dans le cadre d'une religion obsessionnelle qui tourne parfois à la superstition comme ce fut le cas lors des procès des «sorcières» de Salem.

Ce puritanisme, qui entraînait naguère encore une commission de Hollywood à réglementer la durée des baisers sur les écrans, n'a pas été sans entraîner des réactions en sens inverse, mais c'est lui qui est à l'origine du conformisme rigoriste qui inspirait presque jusqu'à nos jours, et inspire encore en grande partie, la vie en société dans les innombrables petites villes américaines. C'est lui qui explique la prolifération des églises protestantes et l'importance du pasteur dans la communauté. Il a engendré des lois sans nombre sur la protection de la femme et un rejet de l'amour romantique en dehors du mariage. Il continue de nourrir les controverses actuelles qui font rage depuis que la Cour suprême, au cours des dernières années, a tenté de libéraliser les mœurs en interdisant la prière à l'école, en donnant des définitions plus indulgentes de la « pornographie » (alors que dans ce pays de liberté un écrivain comme Henry Miller a été longtemps interdit pour cause d'obscénité), ou en autorisant l'avortement. L'élection de Ronald Reagan à la Présidence, en 1980, s'est accompagnée d'une floraison de mouvements puritains menés par des pasteurs farouches et regroupés au sein de ce que l'on avait appelé la Majorité morale pour couvrir du même opprobre les mouvements de libération de la femme et le communisme international.

Pourtant les excès même de cette majorité ont empêché la réélection du successeur de Reagan, le président Bush, au profit du candidat Bill Clinton, dont le libéralisme était avéré. En effet, malgré les succès spectaculaires de Reagan et de Bush qui pourraient se targuer, avec quelque exagération, d'avoir provoqué l'effondrement de l'URSS et assumé brillamment leurs responsabilités mondiales dans la guerre du Golfe, le conservatisme outrancier des républicains dans le domaine social et en matière d'avortement leur a coûté la Maison-Blanche en 1992.

Mais la présidence de Bill Clinton a été une succession de hauts et de bas au cours de laquelle les conservateurs les plus féroces ont repris le dessus au Congrès et bien failli chasser le président de la Maison-Blanche pour une affaire de mœurs de sorte que le siècle, voire le millénaire, s'est terminé au moment où se ravivait, une fois de plus le combat douteux autour du puritanisme. Peut-être le monde américain affronte-t-il sous cette forme la redoutable épreuve qui attend toute civilisation parvenue à son apogée. Rien de moins sûr pourtant.

Fort heureusement, l'héritage puritain de l'Amérique est contredit par deux autres traditions qui ont chacune leurs particularités mais vont partiellement à l'encontre des tendances puritaines : celle du cow-boy et celle de l'*insurgent*.

Le cow-boy est l'objet du dernier en date des grands mythes de l'Occident. On peut même se demander si le monde occidental avait donné naissance à d'autres mythes de cette envergure depuis le début de notre ère. Dans un certain sens, le cow-boy n'a pas vraiment existé, mais il a cristallisé toutes les valeurs de ce que l'on a appelé le Far West. Pendant quelques années, au cours de la seconde moitié du XIXe siècle, l'économie agricole supposait l'acheminement d'immenses troupeaux de bovins à travers la prairie sous la conduite de vachers à cheval. (Ceux-ci étaient plus souvent des Mexicains ou des métis de toutes sortes que les grands géants blonds popularisés par l'industrie cinématographique.) Comment ces bourlingueurs de la prairie en sont-ils venus à personnifier dans l'imagerie populaire toute la population aventureuse de l'Ouest et un idéal chevaleresque ? Il est facile d'imaginer qu'ils avaient quelques attributs fascinants — notamment ceux des centaures — qui leur ont permis de polariser une grande partie de l'épopée des pionniers. Ils forment un produit de synthèse qui symbolise tout à la fois la liberté, l'aventure, le refus des conventions sociales, voire les épisodes les plus durs de la lutte entre les Visages-Pâles et les Indiens, entre les hors-la-loi et le shérif (l'homme à l'étoile!), entre le pionnier et la sauvagerie, c'est-à-dire, d'une façon générale, entre le Bien et le Mal dont l'affrontement forme le véritable fond de toute la saga de l'humanité.

Cela dit, les véritables héros de la conquête de l'Ouest étaient les pionniers, c'est-à-dire des cultivateurs hardis et optimistes, durs au travail, ou pendant un certain temps des chercheurs d'or sans foi ni loi. Mais l'Ouest a fourni à la civilisation américaine un certain nombre de ses valeurs les mieux enracinées, parmi lesquelles figure un égalitarisme foncier (dans l'Ouest, on ne se préoccu-

pait que de la valeur intrinsèque de chacun, sans souci de ses origines) et malheureusement, une habitude de la violence dont les manifestations imprègnent encore, malgré tous les efforts, tant d'aspects — télévisuels et autres — de la culture.

C'est ainsi que la tradition de l'Ouest est venue s'ajouter à l'héritage des puritains. On lui doit notamment une certaine idée de la femme, car les femmes étaient trop rares et leur rôle trop important pour qu'elles n'en fussent pas bien plus valorisées qu'elles ne l'étaient dans l'Est (ou en Europe). C'est sans doute pour cela que l'Américaine fut la première à voter, au XXe siècle ; la première à pratiquer sur une grande échelle le divorce — favorisée qu'elle était par la protection de lois sur mesure — ; la première à donner aux Européennes ébahies le spectacle de la femme libérée. De même, à la conception policée et juridique de la liberté qui régnait jusquelà, la tradition de l'Ouest a ajouté une autre conception de la liberté, plus violente celle-là. Mais aussi un goût de l'efficacité, du pragmatisme, du savoir-faire, qui allait conférer à l'Américain ses qualités de technicien, d'ingénieur, voire, par un enchaînement logique, de gestionnaire. Comme l'a dit de façon lapidaire le plus grand sinon le seul philosophe américain, William James, inventeur et théoricien du pragmatisme : «Si ça marche, c'est que c'est bien.» La morale américaine est faite d'un curieux mélange entre la conception puritaine et la conception pragmatique du Bien.

Mais l'apport de l'Ouest venait s'ajouter lui-même à une autre composante essentielle de l'esprit américain qui n'est pas sans rapport avec l'aventure des pionniers et qui, dans un certain sens, la conditionne : celle des *insurgents*. Les États-Unis sont nés d'une insurrection. Les Américains se plaisent à appeler «la Révolution américaine» (par opposition à la Révolution française) ce que nous persistons à nommer leur «guerre d'Indépendance». Certes, il ne manque pas d'historiens aux États-Unis pour mettre en cause cette appellation. Certains ne voient dans cette guerre qu'une rébellion. Il manquerait, disent-ils, bien des ingrédients au mélange pour faire de cette rébellion une véritable révolution : un bouleversement social, une redistribution des biens ou une réforme agraire, peut-être une vague d'exécutions sanguinaires, la mise hors-la-loi de la religion. On ne trouve rien de tout cela dans la guerre d'Indépendance. Même si les «loyalistes» fidèles au roi d'Angleterre ont durement souffert de l'animosité des «patriotes», ont subi bien des brimades, ont dû d'exiler ou

se sont vu confisquer leurs biens (qui leur ont souvent été rendus par la suite), il n'y a rien eu en Amérique qui ressemble à la Terreur : l'Église a conservé toute son emprise puritaine sur les esprits et les moeurs ; la Révolution américaine a pris grand soin de protéger les droits de propriété — au demeurant, nul besoin n'était d'une réforme foncière dans un pays où la terre se trouvait en abondance à qui voulait la prendre.

Mais en manifestant leur volonté de se séparer de l'Angleterre, les colons avaient accompli un acte révolutionnaire dans le domaine des idées : ils avaient proclamé dans leur Déclaration d'Indépendance que l'autorité du gouvernement dépendait du consentement des gouvernés. Cette rupture inaugurale des *insurgents* allait infuser à la culture américaine un certain nombre d'idées-forces qui feraient de l'histoire des États-Unis ce qu'un observateur appellerait près de deux siècles plus tard la «révolution permanente». Non seulement l'idée de démocratie, mais aussi l'idée que chaque citoyen a la liberté, sinon le devoir, de critiquer son gouvernement par la parole et par la plume ou par tout autre moyen d'expression à venir. Jusqu'à nos jours, les Américains n'ont cessé de faire usage de ce droit, souvent même sans tenir aucun compte de l'effet produit dans les autres pays. Le reste du monde en a eu récemment une preuve quelque peu stupéfiante au cours des tumultueuses années soixante, où la contestation partie de Berkeley et autres universités américaines a saisi la jeunesse de tous les pays jusqu'à l'occupation de la Sorbonne en mai 1968. C'est alors que l'on a assisté pendant une décennie à un assaut de critiques contre le mode de vie américain, la société de consommation, voire le président lui-même, contraint de démissionner après les scandales du Watergate.

Ainsi la contestation la plus ardente était-elle venue des Américains eux-mêmes et, bien souvent, les amis étrangers de l'Amérique y voyaient un danger pour les idéaux qu'ils défendaient, face à ceux de leurs adver-saires communistes. On peut se demander aujourd'hui si ces craintes étaient fondées ou si, bien au contraire, la contestation n'a pas essaimé à travers les frontières pour finir par entraîner la chute du Mur de Berlin en 1989. La question reste posée.

Certes, au cours de l'histoire américaine, le conformisme hérité des puritains a pu dresser une digue contre la critique, et la Cour suprême elle-même (souvent puritaine dans le passé) ne s'en est pas privée à l'occasion. Mais, en fin de compte, c'est toujours la critique qui a triomphé du conformisme — et c'est elle qui se vend le mieux en librairie. Mais cela nous introduit à l'histoire des États-Unis. C'est d'elle qu'il sera question dans les chapitres suivants.

II
FLÂNERIE À TRAVERS L'HISTOIRE

La carte de Christophe Colomb ?
Persécutés, larrons, prostituées et bourgeois
Un roi mal informé et des officiers bornés
Le droit à «la recherche du bonheur»
Un monarque absolu au secours d'une république
Un animal bête et discipliné
Les huîtres de la Chesapeake

1

Ce n'est évidemment pas Christophe Colomb qui a découvert l'Amérique. Chacun sait sans doute aujourd'hui que, vers l'an mille, les Vikings d'Eric le Rouge installés d'abord au Groenland avaient fait une incursion sur des côtes inconnues situées vers l'ouest. Ils avaient donné au pays le nom de Vinland, en raison des nombreuses vignes qui y poussaient. Mais après une brève tentative pour s'y installer ils étaient repartis. Leur aventureuse équipée avait pris place, progressivement, sous des formes diverses, dans les sagas nordiques.

On avait toujours supposé que Christophe Colomb détenait un secret, d'où la certitude qui l'animait. Sans doute avait-il eu vent de cette histoire au cours de ses nombreuses navigations, si même il n'avait pas été en possession d'une carte comme celle qui fut découverte en 1957 et qui semble remonter au milieu du XVe siècle, où l'on voit grossièrement dessinée une côte à l'endroit où se trouve effectivement l'Amérique. Peu importe d'ailleurs ici que les savants se mettent d'accord sur l'authenticité de ce document, un peu trop vite appelé «la carte de Christophe Colomb» et qui se trouve déposé à Yale ; le fait est que peu après la découverte officielle du continent, en 1492, plusieurs puissances européennes prétendaient s'y installer. Les Anglais ne furent pas parmi les plus empressés malgré les découvertes (secrètes) de leur propre navigateur John Cabot. En 1607, dix-sept ans après l'issue désastreuse d'une première expédition, ils prenaient pied pour de bon mais non sans mal en Virginie, à Jamestown, dans le Sud... Treize ans plus tard, c'était le groupe «séparatiste» du *Mayflower* qui débarquait dans le Nord avant les puritains proprement dits ; ceux-ci s'installeront en 1630 sur la baie du Massachusetts. Leur arrivée devait faire figure de symbole et accaparer la légende. Les Américains aiment bien faire remonter les débuts de leur civilisation à l'arrivée du *Mayflower* ; ils mettent même une certaine complaisance à se réclamer des puritains et à négliger leurs prédécesseurs. Mieux vaut être les descendants de gens pieux et persécutés que des larrons et des prostituées qui peuplèrent si souvent, bon gré mal gré, les colonies du Sud où ils avaient été déportés.

Pourtant, dès 1619, c'est-à-dire un an avant la traversée du *Mayflower*, un événement d'une importance incalculable, mais dont on ne parle pas beaucoup, avait eu lieu en Virginie : la compagnie concessionnaire jugeant les résultats médiocres et les colons trop peu motivés avait décidé d'associer ceux-ci à l'administration de la colonie ; c'est ainsi qu'une assemblée de «bourgeois» élus (deux par localité) se réunit en l'église de Jamestown : c'était la première assemblée représentative du Nouveau Monde.

L'initiative ne sauva pas la compagnie de la banqueroute ; quand elle eut fait faillite en 1624, la Couronne reprit ses privilèges mais laissa subsister ceux de la population. Dans le Nord, en Nouvelle-Angleterre, les puritains avaient suivi le mouvement et s'administraient eux-mêmes dès la descente du bateau. Une tentative postérieure de Londres, pour défaire ce qui avait été fait, échoua. Le régime représentatif s'installa d'emblée et pour de bon. Il dure encore. Il est possible de dire que l'esprit américain était déjà là, cent cinquante ans avant l'Indépendance.

Entre-temps, un certain nombre de conflits qui se déroulaient tout au long de la côte atlantique tournaient à l'avantage de l'Angleterre. Les Hollandais s'étaient installés à Manhattan où ils avaient créé la Nouvelle-Amsterdam avant de dominer rapidement les Suédois installés un peu plus bas, du côté de l'actuelle Philadelphie. Or, en 1664 (Louis XIV régnant déjà en France), le gouverneur hollandais Peter Stuyvesant capitulait et cédait la place aux Anglais qui l'appelleraient New York. Dès lors et jusqu'à la fin du XVIIIe siècle la lutte allait se circonscrire entre Français et Anglais, avec l'intervention des tribus indiennes, trop heureuses de s'immiscer dans les guerres des Blancs. Les Français solidement installés au

Canada et plus symboliquement implantés le long du Mississippi, à l'intérieur des terres, finirent par se faire évincer en 1760 par les troupes anglaises et les colons réunis.

C'est alors que, par un retournement imprévu de la situation, les colonies évincèrent à leur tour les Anglais et proclamèrent leur indépendance.

2

Les épisodes de la guerre d'Indépendance ont été diversement appréciés par les historiens. Rappelons brièvement les faits. Après avoir aidé leur mère-patrie à venir à bout des Français sur le Nouveau Monde, les colons avaient acquis le sentiment de leur importance. Ils avaient la conviction que la victoire contre la France leur était due en grande partie. Beaucoup d'entre eux, comme le colonel Washington, avaient appris, au cours du conflit, les méthodes et les tactiques des soldats réguliers de Sa Gracieuse Majesté, et ils n'allaient pas les oublier. Or, la guerre avait coûté cher. Le roi d'Angleterre estimait — peut-être avec raison — que les treize colonies allaient être les principales bénéficiaires de la paix retrouvée. Il pensait pouvoir leur infliger quelques impôts supplémentaires. Les colons ne l'entendaient pas de cette oreille. Ce fut le point de départ d'une série d'incidents de plus en plus violents. Un impôt sur les timbres fiscaux déclencha un mouvement général de résistance. Un impôt sur le thé fut l'occasion d'un acte de révolte caractérisé, quand une bande de jeunes gens déguisés en Indiens mais facilement reconnaissables jeta une cargaison de thé à la mer. Les taxes n'étaient certainement pas considérables, mais c'était pour les colons une question de principe : ils n'avaient pas l'intention de se laisser traiter avec la moindre désinvolture. On peut dire que l'état d'esprit qui régnait alors relevait du subconscient collectif : chacun se disait et se voulait loyal sujet du roi, mais plus ou moins inconsciemment, chacun se trouvait prêt à commettre ce que les psychanalystes appelleraient bien plus tard «le meurtre du père». Un meurtre tout symbolique, bien entendu. Il ne fallut guère que quinze ans pour que la situation se détériorât au point que des coups de feu furent échangés, en 1775, entre les soldats du roi et la population. L'occasion en fut, comme toujours pour les grands événements, complètement futile. Les colons jouaient déjà à la révolution sans probablement y croire. Ils installaient dans les principales villes des «comités de correspondance» pour se communiquer les nouvelles et coordonner leur résistance aux nouveaux impôts. La dynamique de ces groupes allait créer sa propre logique : avant même que l'on s'en rendît compte, tout était en place pour l'insurrection. Quand les Anglais, las de se sentir brocardés, provoqués, défiés de mille façons, décidèrent de passer à l'action pour démanteler des réseaux qui menaçaient de devenir dangereux, il était déjà trop tard. Le commandant de la place de Boston, ayant résolu de faire saisir un dépôt d'armes qu'il croyait exister dans la petite ville de Concord, fut assez maladroit et ignorant des moeurs du pays pour y envoyer la troupe. Les colons manifestèrent leur volonté de s'interposer. A mi-chemin entre Boston et Concord, les soldats anglais trouvèrent en travers de la route un barrage qu'un officier exaspéré fit dégager à coups de fusil. L'irréparable avait eu lieu. Pendant toute la journée, les soldats du roi furent harcelés par les habitants de la région qui, en bons pionniers, savaient fort bien se servir de leurs armes et de leur connaissance du terrain. Quand, le soir même, les Anglais rentrèrent piteusement à Boston, après avoir échoué dans leur mission, la guerre

avait commencé. D'aucuns prétendent y voir le résultat d'un plan mûrement établi par des comploteurs. Il est plus vraisemblable que la situation avait évolué d'elle-même. Trop éloignés de la métropole, trop imbus de leur indépendance de fait sinon de droit, trop bien servis par les inévitables erreurs et maladresses d'un roi mal informé et d'officiers bornés, les colons ne pouvaient guère que s'émanciper, presque malgré eux. Pour ceux qui, comme nous, pensent que ce n'est pas l'économie mais l'esprit qui mène le monde, l'explication est évidente : les colons, par dignité et par un instinct ludique bien naturel, avaient préparé le terrain ; le roi et ses officiers, raidis dans leur orgueil et le sentiment de leur légitimité, ne pouvaient le tolérer. Le reste coule de source. Pour ceux qui croient au contraire que les facteurs économiques et l'intérêt matériel jouent un rôle décisif sinon exclusif dans le devenir des sociétés, le système impérial et mercantiliste pratiqué par l'Angleterre était trop préjudiciable à des colons tout à fait aptes à se débrouiller tout seuls sans reverser une part de leurs profits à la Couronne. Le fait est que, tout en se sentant britanniques dans l'âme, les habitants du Nouveau Monde se retrouvèrent en lutte contre leur souverain. Tout au long de l'année 1775 et jusqu'en juillet 1776, les escarmouches se concentrèrent autour de Boston où les pionniers faisaient merveille contre les soldats de métier, mal préparés à affronter des partisans en armes. Une fois que les troupes anglaises eurent évacué la place où leur situation était devenue intenable, pour se replier au Canada afin d'entamer la reconquête du pays sur des bases plus sûres, l'idée de l'indépendance avait fait son chemin dans les esprits. Les délégués des treize colonies réunis à Philadelphie franchirent le pas et adoptèrent le 4 juillet 1776 la Déclaration d'Indépendance rédigée par Thomas Jefferson qui proclamait pour la première fois dans un texte officiel ce que les philosophes français et anglais n'avaient cessé de dire et d'écrire en Europe depuis quelques dizaines d'années malgré les menaces qui pesaient sur eux : à savoir que les hommes sont nés égaux et qu'ils ont été dotés par leur Créateur de droits inaliénables, notamment le droit à la liberté et à la vie. Jefferson avait ajouté un troisième droit dont on ne sait encore comment sa formulation avait été engendrée : le droit à la recherche du bonheur. Si l'on en ignore la source, il n'en demeure pas moins que c'était toute la philosophie de la nouvelle nation qui se trouvait ébauchée dans cette formule hardie et encore unique au monde. Dans la mesure où les grands hommes façonnent l'événement autant qu'ils sont façonnés par celui-ci, on peut imaginer qu'après avoir puisé dans l'esprit du temps et la philosophie des Lumières pour proclamer la liberté et l'égalité, Jefferson a usé de sa propre intuition pour manifester par cette innovation sa foi dans l'une des valeurs fondamentales de l'optimiste américain.

3

L'un des paradoxes de cette guerre fut certainement l'alliance française qui permit, en définitive, la victoire des colonies sur la métropole.

Certes, des esprits frondeurs comme La Fayette avaient rejoint les rangs américains dès le début des hostilités, mais le jeune homme et ses compagnons avaient, pour ce faire, enfreint les ordres du roi. L'alliance officielle négociée par Benjamin Franklin avec Vergennes, ministre de Louis XVI, relève d'une toute autre logique et de nombreuses contradictions. Si la France, ennemie traditionnelle de l'Angleterre, avait de bonnes raisons pour aider les rebelles contre le gouvernement de Londres, il ne faut pas oublier que les colons avaient largement contribué à la défaite française de 1760. En outre, on peut trouver étonnant qu'une monarchie absolue vienne en aide à des indépendantistes en lutte contre leur souverain. Et le paradoxe se corse encore davantage quand on sait que, déjà, le Royaume-Uni possédait un régime sinon constitutionnel au sens courant du terme, du moins parlementaire et représentatif. En définitive, une monarchie autocratique qui connaissait encore les lettres de cachet et le régime de la Bastille aidait des républicains à se débarrasser de la tutelle d'un gouvernement relativement démocratique. Dans un certain sens, on peut dire que Louis XVI, en contribuant à la formation des États-Unis et en s'alignant sur la noblesse révolutionnaire personnifiée par La Fayette, préparait sa propre perte — ce que l'on n'a pas l'habitude de souligner. Dans un autre sens, si l'on considère l'histoire avec deux cents ans de recul comme nous pouvons le faire, force est de conclure que, sans le savoir, le roi de France et son ministre Vergennes ont bien mérité de la nation française qui serait sauvée deux fois du désastre, au XXe siècle, par ces mêmes États-Unis.

Quoi qu'il en soit des considérations relatives à la philosophie de l'histoire, le fait est que la France ayant envoyé à la rescousse l'armée de Rochambeau et la flotte de l'amiral de Grasse, George Washington après cinq ans de revers presque ininterrompus pouvait profiter d'une erreur du général anglais Cornwallis et de l'état-major de Londres pour remporter le succès décisif. Après avoir volé de victoire en victoire, les Anglais, maîtres de New York et de Philadelphie, avaient décidé de frapper un coup décisif dans le Sud. Harassés cependant par une campagne interminable et cinq ans de belligérance, ils ne parvenaient pas à éliminer une fois pour toutes des adversaires têtus sans cesse renaissants, de sorte que Cornwallis crut judicieux de procurer un répit à ses troupes, tout en s'assurant une position avantageuse en allant s'installer dans une sorte de cuvette à Yorktown, petit port de Virginie qui offrait, sur le papier, tous les avantages possibles selon la stratégie de l'époque.

Or, Yorktown (à deux pas de l'établissement historique de Jamestown) se trouve dans une presqu'île. En théorie, le site est au coeur du dispositif adverse et en outre facile à défendre, surtout pour une puissance maritime qui peut ravitailler la position grâce à sa flotte. En fait, les Anglais avaient commis l'erreur que les Français allaient répéter bien plus tard à Diên Biên Phu. Nous verrons que l'analogie est à retenir pour de multiples raisons.

Aussitôt que la nouvelle est connue, Rochambeau qui se trouve dans le Nord accourt à marches forcées non sans avoir envoyé une demande pressante à l'amiral de Grasse, aux Antilles, de cingler vers Yorktown avec autant de soldats et de bateaux qu'il pourra en rassembler. Au passage, les Français font leur jonction avec l'armée de Washington devant New York, et tous se précipitent vers le Sud pour bloquer Cornwallis dans Yorktown. De Grasse arrive devant la place en même temps qu'eux ; il a à peine le temps de mettre à terre les troupes de renfort qu'il amène, le voilà averti de l'apparition de la flotte anglaise. Et c'est, au large des caps de Virginie, la bataille navale dont dépend le sort de la campagne. A vrai dire, la rencontre est confuse. Une erreur des Anglais les prive de la victoire : eussent-ils foncé sur les bateaux français encore au mouillage que l'histoire aurait été écrite autrement. Mais après avoir perdu du temps pour se ranger réglementairement en bataille comme l'indiquent ses instructions, l'amiral anglais — bête et discipliné — voit se déployer devant lui la flotte française qui lui barre le passage. Il n'y a sans doute, sur mer, ni vainqueur ni vaincu à l'issue de cette journée incertaine, mais le match nul suffit largement à de Grasse : les Anglais n'ayant pu lever le blocus repartent comme ils étaient venus sans avoir forcé le passage, abandonnant Cornwallis à son destin que viennent sceller après quelques assauts furieux les hommes de Rochambeau et ceux de Washington, contraignant les Anglais à capituler (octobre 1781).

Il est plus facile à nos contemporains qu'aux générations antérieures de comprendre ce qui s'est alors passé. Certes, l'Angleterre restait la plus puissante des deux parties belligérantes et aurait pu poursuivre le combat indéfiniment. Elle entretenait toujours des forces considérables à New York et sa flotte était presque intacte. Mais si l'on considère la guerre d'Indépendance comme la matrice des guerres de libération coloniales auxquelles nous avons assisté au XXᵉ siècle, la suite des événements est identique à celle que l'on a connue par exemple après Diên Biên Phu : la métropole était lasse d'une guerre lointaine dont elle ne comprenait pas bien l'enjeu. Une défaite spectaculaire comme celle de Yorktown avait été la goutte d'eau qui avait fait déborder la coupe. Les partisans de la paix l'emportèrent facilement à Londres, contre l'avis de ceux qui voulaient poursuivre à outrance une guerre toujours possible mais de plus en plus impopulaire. En 1783, après deux ans de vaines palabres sans nouveaux engagements militaires sur le terrain, les

États-Unis se voyaient reconnaître leur indépendance par le traité de Paris.

Il s'en fallait encore de quatre ans pour que tout fût enfin terminé. Là encore, l'histoire récente vient au secours de notre compréhension des événements. Le nouvel État n'était alors qu'une vaste confédération de treize colonies émancipées et ressemblait fâcheusement à la Communauté européenne à ses débuts. C'est dire que chacun des participants négociait durement avec les autres le moindre avantage acquis. Jaloux de leur souveraineté, ils s'affrontaient sur des vétilles, comme par exemple sur le point de savoir dans quelles conditions les riverains de la Chesapeake auraient le droit d'exploiter les huîtres de cette baie. Certains États étaient sur le point d'en venir aux mains avec leurs voisins. La Virginie s'opposait au Maryland, la Pennsylvanie au Delaware ; les petits États comme le Rhode Island ou le Connecticut avaient à souffrir de leurs plus puissants voisins. Pour reprendre un concept moderne, voire gaulliste, c'était le triomphe de «l'Amérique des patries» sur une conception de l'Amérique supranationale. Une logique que n'a pas encore su entendre l'Europe du XXe siècle poussa les tenants du supranationalisme à demander la révision des articles de Confédération Ce fut l'objet d'une convention constituante réunie à Philadelphie en 1787. Malgré les réticences des partisans du *statu quo*, la sagesse l'emporta, quoique non sans mal. La convention mit laborieusement sur pied une Constitution qui ménageait les droits des treize États membres, mais conférait à un gouvernement fédéral des droits essentiels : celui de battre monnaie, de lever des impôts, d'entretenir une armée, d'exercer la représentation diplomatique pour l'ensemble des États fédérés et, surtout, de faire respecter les règles d'un marché commun. En 1789, George Washington était élu premier président de ce qui serait désormais les États-Unis.

III

FLÂNERIE À TRAVERS L'HISTOIRE

La constitution, le capitalisme et la prospérité
La première des nouvelles nations
Un marché commun total
Fédéralistes et antifédéralistes
La rébellion du whisky et une levée de boucliers
Les tarifs abominables
L'Ouest est partout
Se soumettre, s'insurger... ou filer vers l'Ouest
Le Sud fougueux, romantique et un peu fou
Des fusils et des machines à coudre (pour en découdre)
Rendez-vous à Appomattox

4

On n'a pas manqué de s'interroger sur le succès prodigieux des États-Unis, de leur civilisation, de leur prospérité. Il est courant d'y voir le résultat d'une situation géographique privilégiée et favorisée notamment par une abondance de ressources naturelles. Telle est l'explication admise et pourtant partiellement fausse. Il serait plus juste de considérer que la Constitution et, d'une façon plus générale, le régime politique du pays, ont été déterminants en cette occurrence. Déjà, la création d'un immense marché commun entre les treize États fondateurs y était pour beaucoup. En outre, si le droit à la propriété n'avait pas été inscrit dans la Déclaration d'Indépendance, il était inhérent à la conception que l'on se faisait alors de la recherche du bonheur : la défense de ce droit imprègne une Constitution qui pose essentiellement les bases de ce qui allait devenir le système capitaliste. Certains historiens américains en ont fait grief aux constituants, pour des raisons d'idéologie partisane ; ils sont allés jusqu'à prétendre que les membres de la convention étant surtout des gens riches, planteurs, commerçants ou membres des professions libérales, ils avaient taillé le texte à leur mesure pour favoriser une prospérité matérielle qui leur tenait à coeur. Cela n'est pas faux, mais on a mauvaise grâce à le leur reprocher dans la mesure où le succès est venu couronner l'entreprise. Les véritables intentions des constituants transparaissent surtout quand on prête attention aux multiples précautions que prend la Constitution contre les factions et les démagogues dans la crainte que des intérêts particuliers fassent obstacle à l'intérêt général, lequel est lié à la liberté économique, seule capable d'engendrer, selon les théories d'alors, la prospérité du plus grand nombre. Car aux mesures politiques qui témoignent d'un sens très aigu de l'équilibre des intérêts en présence, s'ajoutent des mesures purement économiques. Au domaine politique appartiennent des innovations telles que la subtile répartition des pouvoirs entre le Congrès et la Présidence voire entre les deux chambres du Congrès où le Sénat représente essentiellement les États membres, sur un pied d'égalité (à raison de deux sénateurs par État) et où la Chambre des représentants permet de doser l'élan populaire (au prorata de la population). Quand on se rappelle à quel point les treize États fondateurs étaient jaloux de leurs préroga-

tives (comme c'est le cas aujourd'hui pour la Communauté européenne), la formule permet de sauvegarder à la fois les intérêts des divers États — qu'ils soient, par exemple, agricoles ou industriels pour ne citer que les catégories les plus vastes. Mais en conférant au gouvernement central le droit d'instaurer des barrières douanières contre les produits étrangers, tout en interdisant toute mesure similaire entre les États membres, trop enclins à sacrifier les intérêts du voisin au profit de leurs propres intérêts, on favorisait également l'expansion forcenée du marché intérieur.

L'unification de la monnaie — initiative fort nouvelle à cette époque — va dans le même sens et favorise les transactions que protège mieux encore le principe selon lequel tout acte juridique valable dans un État de l'Union sera valable dans tous les autres. Et, pour ne pas trop allonger la liste, citons encore seulement le droit de regard que l'instance supranationale — à savoir le gouvernement fédéral — se voit conférer sur tout le commerce inter-États, à l'intérieur des frontières de l'Union : le gouvernement central allait en profiter pour implanter un réseau de communication bien en avance sur son temps et pratiquer systématiquement une politique d'aménagement du territoire qui ne portait (évidemment) pas encore ce nom. Il y avait là de quoi assurer sur des bases fermes le développement économique, ce qui n'est pas toujours le cas pour les autres nouvelles nations, notamment celles qui ont proliféré en notre fin du XXe siècle sur des bases constitutionnelles apparemment moins efficaces.

Enfin, pour compléter cet édifice politico-économique, la Cour suprême, c'est-à-dire le pouvoir judiciaire fédéral, allait bientôt s'arroger progressivement, à force de précédents, l'interprétation des lois et un droit de regard sur la législation des divers États membres. Elle n'allait pas se priver de légiférer, quoique indirectement, au nez et à la barbe du Congrès par le seul jeu de ce droit, dans le domaine des moeurs notamment. (On lui doit aujourd'hui, sous forme d'arrêts, des dispositions fort progressistes, comme la déségrégation raciale, la garantie des droits de la défense ou le droit à l'avortement, après qu'elle se fût manifestée en sens exactement inverse pendant le premier siècle et demi de son existence. Nous y reviendrons.)

En fait, toutes ces institutions semblent avoir été mises en place pour sauvegarder la supranationalité des institutions face à la tendance centrifuge des États unis, avec pour but la mise en place et le bon fonctionnement d'un marché commun total, politico-économique.

5

Car le fait est là. Quelle que soit la façon dont on interprète l'histoire des États-Unis, l'élément essentiel de cette histoire demeure le polycentrisme de cet immense pays et l'existence d'une pluralité d'États dont chacun possède ses intérêts propres, sa législation à lui, et qui se regroupent souvent, aujourd'hui encore, selon un certain nombre d'impératifs régionaux, ce que l'on a toujours tendance à oublier lorsque l'on est à l'étranger et que l'on considère l'Union comme un État monolithique, animé par une volonté commune.

Dès le début, c'est ce phénomène qui caractérise le devenir des États-Unis. Si le particularisme l'emporte tout d'abord, au temps des articles de Confédération, puis au contraire la volonté unificatrice au sein de la convention constituante, les deux tendances continueront de s'affronter. A peine terminée la phase de l'union sacrée autour de George Washington, les deux partis qui s'opposent sont celui des fédéralistes, partisans d'un pouvoir fédéral fort, et celui des anti-fédéralistes, favorables à une plus large autonomie des États. George

Washington personnifie le premier, Thomas Jefferson le second. Il est significatif de l'esprit américain que, contrairement à toute attente, seuls les deux premiers présidents, George Washington lui-même et John Adams, aient appartenu au parti fédéraliste ; dès 1801, après la victoire électorale de Jefferson, le pouvoir passe aux antifédéralistes (républicains) ; ceux-ci le garderont sans interruption jusqu'en 1829 ! (Encore faut-il préciser qu'à cette date ce ne seront pas les fédéralistes qui reviendront au pouvoir, mais le nouveau parti «démocrate» appuyé sur le régionalisme de l'Ouest — nouvellement ouvert à la pénétration des pionniers.)

C'est dire que les idées couramment admises, notamment en Europe, ne reflètent que très imparfaitement la réalité. En fait, l'affrontement entre les deux tendances (fédéraliste et antifédéraliste) sera l'origine de la plupart des grandes crises des États-Unis jusqu'à la guerre de Sécession (1861-1865) qui marquera le paroxysme des forces centrifuges à l'oeuvre dans la nouvelle nation. Mais si la lutte entre l'une et l'autre doctrines ne prendra plus jamais une forme aussi aiguë, après la victoire du Nord sur le Sud, elle continuera de se manifester sous les aspects les plus divers jusqu'à nos jours.

Au demeurant, les débuts de la nouvelle nation ne sont guère aussi paisibles que l'on se plaît à le croire. Les séquelles économiques de la guerre d'Indépendance en sont parfois la cause, comme lors des troubles qui éclatent en Nouvelle-Angleterre, fomentés par les innombrables débiteurs, partisans inflationnistes d'une monnaie faible, hostiles à la politique monétaire du gouvernement central ; ou à l'occasion de la « rébellion du whisky» menée par les paysans bouilleurs de cru. Dans le premier cas, les endettés veulent s'acquitter de leurs hypothèques à moindres frais face aux créanciers protégés par la politique gouvernementale, soucieuse avant tout de maintenir le crédit et l'ordre. Dans le deuxième cas, il s'agit de soulèvements locaux mais violents contre les prétentions fiscales de l'État fédéral. Le président Washington sera même forcé d'employer sa minuscule armée pour rétablir le calme. C'est sur ce précédent que s'appuieront les présidents suivants pour utiliser les troupes fédérales contre les éléments séparatistes — et non seulement Abraham Lincoln pour mater la sécession sudiste, mais même Eisenhower pour imposer la déségrégation des écoles, comme nous le verrons par la suite — malgré l'avis opposé des partisans du «droit des États».

Mais, pour en revenir aux débuts de la république américaine, on assistera bientôt à une véritable levée de boucliers lorsque l'État fédéral, soucieux de développer l'industrie derrière des barrières douanières protectionnistes, se heurtera à un désaveu de la part des États agricoles du Sud, peu enclins à perdre leurs marchés étrangers et à payer plus cher leurs produits manufacturés, et qui iront jusqu'à inventer pour la circonstance une prétendue «doctrine de l'interposition» selon laquelle chaque État de l'Union a le droit de s'interposer pour faire échec à une politique fédérale qu'il estime ruineuse pour ses propres ressortissants. Les partisans de cette doctrine, qui trouvera dans un juriste du Sud, Calhoun, son porte-parole le plus éloquent, vont jusqu'à déclarer que les États ont le droit de proclamer la «nullification» des lois préjudiciables à leurs intérêts telles que les «tarifs abominables» comme on appelle les nouveaux droits de douane. Il est vrai que, dans chaque cas, le conflit trouve bien vite sa solution, et le plus souvent dans des mesures d'apaisement prises par le gouvernement fédéral. Il n'en demeure pas moins que l'on se verra finalement contraint, par la force des choses et en vertu de la dynamique d'une telle situation, à en venir, un jour ou l'autre, à un affrontement armé : ce sera l'affreuse guerre de Sécession, en 1861, dont les mobiles divers sont fortement enchevêtrés avec le problème de l'esclavage, mais qui a donné lieu à de multiples interprétations, et qui repose fondamentalement sur le problème du droit des États face à celui du pouvoir fédéral.

6

Nous en avons assez dit sans doute pour établir notre point de vue sur cette question lancinante du séparatisme régionaliste américain. Il nous faut de toute urgence évoquer aussi un phénomène plus spectaculaire et mieux connu, vulgarisé par le roman et surtout par le film, mais qui va dans le même sens — à savoir la conquête de l'Ouest.

A l'origine, l'Ouest est partout. A mesure que les pionniers débarquent sur la côte atlantique, ils trouvent en face d'eux, dans la direction du couchant, une immense étendue de terres dont ils ignorent même la profondeur. Dès le XVIIe siècle, ce sont les plus hardis qui s'enfoncent vers l'inconnu. Mais au moment de la guerre d'Indépendance, on ne s'est pas encore écarté beaucoup de la côte. La première exploration systématique du continent sera l'oeuvre de la nouvelle nation. Le rachat de la Louisiane à Napoléon permet à l'Amérique désormais souveraine d'obtenir un titre juridique sur cet immense arrière-pays mississippien que la France, à vrai dire, ne revendiquait que de façon symbolique, incapable qu'elle était d'y manifester une présence efficace. Pourtant, les choses se passent dans les règles et le Premier Consul ayant vendu ses titres aux États-Unis, voilà le nouvel État libre d'explorer tout son territoire. C'est, en 1804, la fameuse expédition de Lewis et Clark qui révèle leur propre domaine aux Américains. Ces deux téméraires explorateurs mandatés par Jefferson pour inventorier le continent atteignent la côte du Pacifique, à la hauteur de ce qui est aujourd'hui l'Oregon. Ils reviennent avec une relation de voyage qui permet tous les espoirs. Déjà les législateurs américains montrent leur sens extraordinaire de l'avenir. Ils auraient pu décider que les treize États d'origine seraient maîtres et suzerains de tous les espaces à conquérir. Or, ils n'en font rien. En adoptant ce qu'ils appellent l'ordonnance du Nord-Ouest, ils établissent que tous les nouveaux territoires seront placés sous l'administration fédérale tant que leur population n'atteindra pas un chiffre minimal,

après quoi chacun se constituera en État de l'Union à la demande de ses habitants, sur un pied d'égalité avec les États déjà existants. C'était pour les États fondateurs se condamner d'avance à devenir un jour minoritaires, au nom de l'intérêt supérieur de l'Union.

On a tant parlé de cette conquête de l'Ouest qu'il paraît superflu d'évoquer une fois de plus la lutte contre une nature sauvage et terrifiante, dans des étendues où les Indiens sont moins impressionnants que les immenses forêts, les chutes du Niagara, le Grand Canyon ou la vallée de la Mort. Il est plus intéressant de mentionner tout ce que les États-Unis doivent à la conquête de l'Ouest dans le domaine de la psychologie collective et sociale.

Nous avons suggéré déjà que l'apport du pionnier est avec celui du puritain et celui de l'*insurgent* une des composantes de l'esprit américain. Mais relevons tout d'abord que l'Ouest dote la société américaine d'une échappatoire à toute révolution politique ou économique. Aux deux termes de la négociation sociale, telle que la connaissent les vieux États d'Europe — soumission ou insurrection — s'ajoute en Amérique un troisième terme : le dégagement. Nul besoin de se dresser en armes contre les possédants pour réclamer sa part, si l'on peut filer vers l'ouest où les terres sont vacantes et abondantes pour qui veut les prendre.

La frontière entre la civilisation et la sauvagerie est une zone troublée où alternent la brutalité de la lutte pour la vie et l'indispensable solidarité sans laquelle nul ne peut survivre. C'est le royaume de la justice expéditive, mais c'est aussi celui où le passé de chacun ne compte plus, où seules sont prises en considération les qualités humaines, la trempe d'un individu, où un individualisme sauvage rejoint un sentiment furieusement égalitaire ; c'est là, plus encore que dans le reste du pays, que s'affirment deux valeurs jumelles de la culture américaine : le goût violent de la *réussite* qui suppose une *égalité des chances* au départ. Or, c'est tout l'esprit de l'Ouest qui pénètre à la Maison-Blanche en 1829 avec Andrew Jackson et ses nouveaux démocrates, supplantant un parti anti-fédéraliste agonisant, miné par un trop long exercice du pouvoir et par les dissensions internes corrélatives à ce vieillissement.

L'arrivée d'Andrew Jackson à la présidence ne signifie pas seulement que les anciens États fondateurs ont perdu la majorité dans le pays, mais aussi que la ruée vers l'Ouest, encore à ses débuts, va désormais marquer la vie politique et sociale américaine. Le pays vivra pour cinquante ans à l'heure des pionniers. Leur égalitarisme primaire, la rudesse de leurs moeurs, leur pragmatisme imprégneront de façon durable toute la société.

Or, ces valeurs sont plus faciles à assimiler dans le Nord, industriel ou paysan, que dans le Sud esclavagiste, raffiné et imbu de sa supériorité. Elles sont d'autant mieux adaptées au contexte que déjà affluent d'Europe des immigrants attirés par le rêve américain au pays où «les rues sont pavées d'or». Ce n'est pas encore la ruée qui marquera le début du XXe siècle et fera défiler pendant la première décennie un million de nouveaux arrivants *par an* devant la statue de la Liberté, mais ce sont quand même des foules qui débarquent à New York ou à Boston, notamment, au milieu du siècle, trois millions d'Irlandais chassés de chez eux par la famine (dans la masse, il y a un certain Patrick Kennedy, mort huit ans plus tard dans l'obscurité et l'anonymat sans laisser d'autres traces que des descendants qui marqueront l'Amérique des années soixante) ; pour ne rien dire des chercheurs d'or attirés par la découverte de pépites, en 1848, dans la Californie acquise depuis la veille à l'Union.

Tous ces gens, s'ils ne sont pas de conviction anti-esclavagiste par idéologie, le sont par nature et viscéralement. Ils fourniront à l'Union les soldats de la guerre de Sécession.

7

En effet, tout au long de ce XIXe siècle et jusqu'en 1860, la question de l'esclavage a divisé la nation. Les Sudistes, forts du «droit des États», ont toujours prétendu mener leurs affaires à leur guise ; ils sont furieux de ce qu'ils considèrent comme des ingérences inadmissibles de la part de ceux, quakers ou autres, Nordistes en tout cas, qui prônent l'abolition de l'esclavage et se dévouent pour les esclaves fugitifs. La guerre de Sécession fut-elle, comme nous le croyons nous-mêmes, le produit psychologique d'une tension de plus en plus insoutenable entre des modes de vie et de pensée incompatibles, ou fut-elle — comme d'aucuns le prétendent — un conflit de nature économique, voire comme l'affirment les historiens marxistes, l'expression d'une volonté des capitalistes industriels du Nord d'éliminer les capitalistes agraires du Sud ? On en discutera encore longtemps. Le fait est que l'arrivée à la Maison-Blanche d'un produit archétypique de l'Ouest, le président Lincoln, membre du tout nouveau parti républicain, élu sur un programme abolitionniste, met le feu aux poudres. Les États du Sud quittent l'Union en arguant de leur droit à rester maîtres chez eux. La question est encore aujourd'hui de savoir si, après avoir conclu le pacte constitutionnel en 1787 ou après avoir accédé à l'Union au titre de «l'ordonnance du Nord-Ouest», un État peut se retirer de la fédération. Dans la pratique, la réponse a été fournie par la victoire du Nord sur le Sud. Il n'est pas sûr que la théorie juridique puisse s'en contenter, mais ce n'est plus une question sur laquelle se penchent les juristes américains.

Chacun connaît cette guerre (1861-1865) par la relation assez évocatrice qu'en a donnée le roman *Autant en emporte le vent*. Elle est moins connue par les romans de Faulkner (prix Nobel de littérature) auxquels nous accorderons plus de place quand viendra le moment d'aborder ici le chapitre du Sud. Qu'il suffise de dire que le Sud, noble et fougueux, romantique et un peu fou, avec ses brillants jeunes gens rompus à la vie de plein air, plus motivés que les soldats du Nord, remportera les premières victoires avant de succomber sous le poids industriel des «Yankees» et de leur production d'armement, au cours d'une guerre dévastatrice dont le vaincu sortit matériellement ruiné et psychologiquement désespéré, mais toujours provocant et indomptable.

Le tournant du conflit fut, sur le terrain, la bataille de Gettysburg où des centaines de milliers d'hommes s'entre-tuèrent pendant trois jours et qui décida de la chute du Sud. Mais en coulisses, le sort de la guerre avait été décidé par l'adoption de la production à la chaîne dans les usines d'armement. Certes, les Européens avaient déjà eu l'idée d'une spécialisation du travail et de la fabrication massive de pièces détachées, interchangeables, assemblées sur chaîne de montage. Mais la méthode n'avait vraiment trouvé son terrain d'élection qu'avec des gens comme l'inventeur américain Eli Whitney ou Mc Cormick. Les fusils produits en série, les machines à coudre fabriquées de même qui permirent de fabriquer des équipements pour deux millions d'hommes, voire les moissonneuses mécaniques qui récoltèrent de quoi nourrir ces masses militaires, tels furent les éléments qui devaient permettre de dater le véritable tournant de la guerre. En 1865, le général Lee, commandant en chef des armées rebelles, faisait sa reddition à Appomattox. La guerre était finie, mais un autre calvaire commençait pour le Sud.

IV
FLÂNERIE À TRAVERS L'HISTOIRE

Un certain colonel Falkner
Le goût amer de la violence
Les honteuses maladies de jeunesse du capitalisme
Un darwinisme fort mal compris
«Clouer l'humanité sur une croix d'or»
Fouilleurs de boue, remueurs de fange
Ce cow-boy de président
Un Roosevelt contre un Kennedy
Les années folles au son du jazz...
... Dans les pages du roman noir
La guerre punique entre les U.S.A. et l'U.R.S.S.
«Les années orageuses»
Un affrontement métaphysique, politique et militaire
Les enfants-fleurs jetés aux flammes
La république impériale à l'ère post-industrielle

8

Quelques jours après la reddition d'Appomattox, Lincoln était assassiné, au théâtre Ford de Washington, par un acteur sudiste exalté.

Le Grand Emancipateur avait souhaité une rapide réconciliation entre les États. Ses généraux n'avaient-ils pas interdit aux soldats de célébrer bruyamment la défaite de ceux qui étaient «de nouveau des compatriotes» ? Peu après l'assassinat, au contraire, profiteurs et revanchards entreprenaient de mettre en coupe réglée le Sud ou ce qu'il en restait. La politique dite de la Reconstruction — à vrai dire une politique d'occupation militaire — ne dura qu'une dizaine d'années, mais elle allait laisser dans le Sud des cicatrices encore visibles un siècle plus tard. Impôts excessifs, humiliations constantes, maladresses et mauvaise volonté contribuèrent à aggraver le désastre. Les familles sudistes désormais ruinées, toutes portant le deuil de quelque combattant, ne furent guère épargnées. Par-dessus tout, la vue des attentions inefficaces mais provocatrices dont bénéficiaient les Noirs mettaient les Blancs en fureur. Pourtant, dès 1876, une élection présidentielle chaudement disputée avait exigé que les républicains courtisent les vaincus pour obtenir leurs voix, et mis fin aux dernières séquelles de l'administration militaire. Des Sudistes qui surent profiter de l'expansion générale bâtirent de nouvelles fortunes, comme ce célèbre colonel Falkner (arrière-grand-père du romancier William Faulkner) qui construisit des chemins de fer, se livra à des spéculations immobilières et resta jusqu'à la fin le grand seigneur qu'il avait été avant la guerre de Sécession. Mais le Sud, qui n'avait jamais été une terre paisible, avait cultivé dans la guerre et accru dans la défaite le goût amer de la violence.

Le colonel Falkner lui-même fut assassiné par un rival après une élection qu'il avait gagnée. Il avait d'ailleurs, pour sa part, quelques morts sur la conscience et on le créditait d'un exploit peu louable : sous la menace, il avait empêché les électeurs noirs de voter. D'autres en faisaient autant d'un bout à l'autre du Sud. Bientôt, des lois furent adoptées impunément dans tous les anciens États sécessionnistes, qui donnaient aux scrutateurs les moyens hypocrites mais juridiques d'écarter les Noirs des urnes et instituaient une stricte ségrégation entre les deux races. Le Sud n'en fut pas pour autant réconcilié avec son sort. Enfermé dans sa rancoeur, refusant avec ostentation la civilisation industrielle du Nord, haïssant les Nordistes et tout ce qui pouvait rappeler le triste destin de la Confédération rebelle, il allait remâcher pendant un siècle de stérilité et d'isolement cette défaite incurable. Nous y reviendrons ci-après lorsque nous visiterons le Sud.

9

Dans le Nord, il en allait tout différemment, mais dans un certain sens les problèmes, s'ils étaient d'un autre ordre, se montraient tout aussi graves. Le capitalisme à ses débuts traversait ses honteuses maladies de jeunesse. Ses crises cycliques apparemment incompréhensibles se révélaient insurmontables. L'exploitation des masses s'y étalait sous son pire jour, d'autant plus que des milliers d'immigrants venaient sans cesse prendre le relais de leurs prédécesseurs à mesure que ceux-ci étaient tirés d'affaire. Les concentrations d'entreprises, génératrices de quasi-monopoles, paraissaient irrésistibles. (Vers 1900, l'American Sugar Refining Co. contrôlait, par des rachats successifs, plus de 90% du sucre raffiné, et l'United Steel, plus de la moitié du fer et de l'acier produits aux États-Unis.) Un darwinisme mal compris, défendu par des sociologues comme William Graham Sumner, professeur à Yale de 1872 à 1910, s'en prenait aux réformateurs sociaux sous prétexte que leur zèle allait à l'encontre des lois de l'évolution et de la sélection naturelle. A tel point qu'au début du XXe siècle des écrivains tels que Theodore Dreiser ou Jack London, l'un humaniste, l'autre socialiste, seraient imprégnés comme malgré eux du nouvel évangile de Darwin et de Spencer. Le tout baignait sans doute dans un climat de progrès frénétiques, d'industrialisation à outrance, d'une élévation réelle du niveau de vie et d'une amélioration des conditions matérielles ; mais le prix à payer était celui d'une déshumanisation progressive de la société où les normes, l'esprit et les horaires de l'usine dépassaient les limites du lieu de travail pour transformer le rythme et le cadre de la vie des travailleurs.

Des réformateurs sociaux, il y en avait cependant. Indépendamment des premiers syndicats battus en brèche par le législateur et le juge, un mouvement populiste mené par William Jennings Bryan avait marqué des points et arraché des concessions qui allaient lentement mais sûrement aboutir à une réforme du système. Dès 1887, le Congrès votait une loi qui interdisait toute pratique discriminatoire des prix et exigeait que les tarifs ferroviaires — cruciaux et arbitraires — fussent «raisonnables et justes». En 1890, la première initiative antitrust, la loi Sherman, voyait le jour. Certes, ces dispositions ne s'appliquaient encore qu'au commerce inter-États, le seul où le gouvernement fédéral avait son mot à dire, mais l'extension du marché exigeait de toute évidence que les trusts et les chemins de fer puissent opérer à l'échelon national, d'où l'efficacité pratique des nouvelles mesures.

Les populistes de Jennings allaient pourtant se faire déconsidérer lors de l'élection présidentielle de 1896, perdue par leur chef pour avoir exigé l'abandon de l'étalon-or unique et prêché le bimétallisme, or et argent, en vue de lutter contre la rareté de la monnaie. («Vous ne clouerez pas l'humanité sur une croix d'or», avait-il proféré dans un moment de pompeuse inspiration, qui est demeuré l'archétype historique de l'éloquence électorale.) Mais les populistes en déroute seraient immédiatement remplacés par les progressistes, non moins ardents à défendre la cause du peuple et à exiger des lois sociales, dans le but même de faire respecter la liberté économique du faible contre le fort, et l'observation d'une règle du jeu du marché.

Dans cette ambiance fiévreuse d'expansion et de luttes idéologiques à l'intérieur du cadre capitaliste, conçu comme le meilleur possible à long terme, les intellectuels jetaient le poids de leurs mots dans la balance en dénonçant, par la presse et le roman, les abus de toutes sortes. Les «fouilleurs de boue», «remueurs de fange» (*muckrakers*, les appelait-on, en effet) menés par des journalistes comme Lincoln Steffens, des écrivains comme Upton Sinclair, furent ceux par qui le scandale arriva. En les recevant à la Maison-Blanche, le président Theodore (Teddy) Roosevelt mobilisait bon gré mal gré le pays en faveur des réformateurs. L'Amérique moderne allait naître, à terme, de ces mouvements divers.

10

Il est admis que la guerre de 1914-1918 interrompit pour plus de dix ans la marche du progrès. L'intervention des États-Unis dans le conflit qui serait plus tard connu comme la Première Guerre mondiale, quand il y en eut une seconde, avait été préparée par une série d'initiatives américaines en politique internationale. Faisant fi de l'avis de George Washington qui avait mis en garde ses concitoyens contre toute participation aux affaires des puissances européennes, les États-Unis au nom de leur «destinée manifeste» (théorie défendue entre autres par ce cow-boy de président qu'était Teddy Roosevelt) avaient commencé par ramasser les débris du vieil empire espagnol — aux Philippines, pour un demi-siècle, à Cuba, pour quelques années —, à s'installer à Panama sur le chantier abandonné par Ferdinand de Lesseps après le scandale, pour se mêler ensuite de l'Amérique centrale où le chaos devenait de plus en plus surréaliste. Présents en Chine lors de la révolte des Boxers, aux côtés des autres puissances, ils pouvaient prétendre à jouer les médiateurs, de Port Arthur à Algésiras.

Lorsque les alliés anglais et français se trouvèrent en difficulté, en 1917, l'Amérique forte du sentiment de sa destinée jeta le poids de sa jeune puissance et de son idéalisme optimiste dans la balance, sous l'impulsion du très intellectuel et très idéaliste président Wilson...

Bien entendu, l'économie de guerre exigea l'abandon de toute considération progressiste. L'arme de la victoire était la production industrielle, comme au temps de la guerre de Sécession, et il n'était plus question d'empêcher les trusts de danser en rond et de produire à outrance par n'importe quel moyen. A peine y eut-il quelques conflits mineurs entre l'État et les entreprises ; l'un d'entre eux revêtit une portée curieusement symbolique quand un jeune parent de l'ex-président Teddy Roosevelt, le secrétaire à la Marine, Franklin Delano Roosevelt, arracha, par la force des armes et sans paiement préalable, un cuirassé construit dans les chantiers navals de Fore River dirigés par un certain Joe Kennedy qui allait bientôt faire beaucoup parler de lui-même et surtout de ses fils...

Mais si la guerre permit aux États-Unis d'écrire une page glorieuse sur leur livre d'histoire, elle avait entraîné le gel des réformes, voire une profonde suspicion envers les réformateurs sociaux soupçonnés de pacifisme. Il s'ensuivit curieusement une mise entre parenthèses des valeurs démocratiques pour lesquelles, cependant, on s'était battu, et une vague de persécutions contre les révolutionnaires de tous poils, socialistes et anarchistes surtout, qui se prolongea après la victoire. Peu importait d'ailleurs à la masse de la population qui connaissait un enrichissement rapide dans un climat de relance économique fébrile. Les années folles dansaient au son du jazz. A peine une fausse note : la prohibition des boissons alcoolisées, votée dans un élan puritain, avait déchaîné par contrecoup une vague de gangstérisme sans précédent qui est entrée dans le roman noir. Mais à ce détail près, l'Amérique s'enivrait de son succès plus encore que de whisky frelaté ou de spiritueux introduits en contrebande. Un conformisme surprenant permettait à chacun d'être partie prenante. Si quelque intellectuel comme Sinclair Lewis protestait contre le provincialisme ambiant dans un roman tel que *Babbit*, on ne l'écouta guère dans son pays malgré un prix Nobel de littérature.

Ce qui devait arriver arriva. Un jeudi noir, le 24 du mois d'octobre 1929, la Bourse surchauffée cassa net.

11

Vers la mi-novembre 1929, trois semaines après l'effondrement des cours, le total des pertes atteignait 30 milliards de dollars. Quelques spéculateurs comme Joe Kennedy qui avaient joué à la baisse sans souci de ce qui pourrait en résulter ramassèrent une véritable fortune, mais les banques et les entreprises privées étaient menacées par la faillite, les petits épargnants étaient ruinés, toute la machine économique s'arrêta. En 1930, il y avait déjà un million et demi de chômeurs ; le produit national brut avait baissé de 104 à 91 milliards de dollars ; en 1932, il était passé à 58 milliards et l'on comptait douze millions de chômeurs.

Le parti républicain, au pouvoir depuis la guerre, s'était entêté à attendre que les choses s'arrangent d'elles-mêmes. Le parti démocrate, ralliant les progressistes brusquement réveillés par le désastre, fit élire son candidat à la présidence : Franklin Delano Roosevelt.

On connaît la lutte titanesque et victorieuse de celui-ci contre la Dépression. Qu'il suffise de dire qu'une avalanche de lois sociales et de mesures d'urgence permit de faire face à la situation : une embauche massive de l'État pour la réalisation d'un programme monstre de grands travaux — notamment la construction de barrages —, la reconnaissance des syndicats comme interlocuteurs valables et obligatoires du patronat, des prêts du gouvernement aux entreprises en péril et aux propriétaires menacés d'expulsion, l'ébauche d'un régime de sécurité sociale qui parait au plus pressé, la moralisation de la Bourse paradoxalement confiée à Joe

Kennedy (c'était le seul qui fût suffisamment au courant de tous les abus pour les avoir pratiqués). La restauration de la confiance fit le reste. «La seule chose que nous ayons à craindre est la crainte», avait dit Roosevelt.

L'Amérique sortit de la crise juste à temps pour pouvoir participer avec efficacité à la Seconde Guerre mondiale. Il s'en était fallu de peu. Mais la puissance industrielle vint épauler les fils des pionniers au cours de l'assaut et la technologie nucléaire paracheva la victoire. Roosevelt était mort au début de son quatrième mandat, peu avant la fin du conflit.

Commença alors l'interminable guerre punique avec l'Union soviétique. Après avoir fait peser sur la planète, pendant un demi-siècle, la menace d'une extermination par les armes nucléaires, elle s'est terminée par la désintégration de l'URSS dans des conditions que les historiens n'ont pas fini d'élucider et dont les conséquences sont encore incertaines depuis que l'instauration du «nouvel ordre mondial» a déçu bien des espérances… Comme la lutte entre Rome et Carthage, la rivalité entre les super-puissances s'était déroulée par alliés interposés, dans des domaines et sur des fronts imprévisibles, au Viêt-nam ou en Afghanistan. Voire dans l'espace.

12

A l'intérieur même du territoire national, l'après-guerre n'a pas été sans à-coups, mais ceux-là mêmes paraissent, avec le recul, entièrement conformes à la trajectoire historique américaine. Il n'est jusqu'aux deux présidences respectives de Jimmy Carter et de Ronald Reagan qui ne s'inscrivent dans la double tradition du puritain et du cow-boy. Et les turbulentes années soixante avec leurs séquelles (les «années orageuses», comme dit Henry Kissinger) se situent sans conteste dans la ligne des *insurgents*.

La guerre s'était achevée au milieu d'une poussée d'optimisme apparemment justifié. Le Bien l'avait emporté sur le Mal après un affrontement métaphysique, politique et militaire. L'Organisation des Nations unies veillerait à ce qu'aucun conflit ne se produise plus. Les anciens alliés du temps de guerre, encore unis dans la paix, y pourvoiraient. La technologie nucléaire se détournerait de ses utiliations dévastatrices pour fournir à l'humanité une source d'énergie inépuisable et des possibilités de progrès nombreux.

Nous en sommes loin. Dès la fin du conflit, Staline confisquait l'Europe de l'Est au mépris des engagements formels souscrits à Yalta, et l'Union soviétique refusant les plans de désarmement atomique se procurait rapidement la bombe A auprès d'espions patentés accourus à la rescousse des savants russes les plus qualifiés. Le président Truman devait envoyer les forces américaines en Corée, non sans se préoccuper de poursuivre l'œuvre sociale de Roosevelt en faisant voter une loi capitale sur le plein emploi, qui confiait au gouvernement, contrairement à la thèse du libéralisme traditionnel, le soin d'intervenir dans l'économie en cas de besoin.

Si la présidence débonnaire et souriante d'Eisenhower vit s'épanouir « l'ère de l'opulence » selon Galbraith, de même que l'école de New York et l'art américain en général, elle vit aussi l'Union soviétique s'assurer un parc de fusées redoutables et prendre l'avantage dans la course à l'espace en plaçant sur orbite le premier satellite artificiel, *Spoutnik*, puis le premier cosmonaute, Iouri Gagarine.

Alors Kennedy vint. Une flambée d'espoir, de promesses et de séduction gagna l'Occident tout entier. Un programme fut mis sur pied qui « permettrait à l'Amérique de mettre un homme sur la Lune avant la fin de la décennie ». L'Union soviétique rembarqua les fusées qu'elle avait introduites à Cuba. Puis Kennedy fut assassiné.

L'histoire des années soixante est maintenant assez distante pour que l'on commence à la comprendre. L'omniprésence des « choses » (concept cher à Pérec), inséparable de l'opulence, avait été perçue sous des formes différentes par le roman objectal français et les écrivains beatniks américains ou les peintres « pop » qui peignaient des réfrigérateurs et des boîtes de conserve. La jeunesse américaine, avant les autres, sans se soucier de voir que la société de consommation était une victoire sans précédent sur les sociétés de pénurie qu'avait connues le genre humain depuis des milliers d'années et connaissait encore un peu partout sur la planète, se lança dans un mouvement de contestation, fort idéaliste – encore que souvent désastreux – et qu'elle seule pouvait se permettre. Elle entraîna dans la foulée toute la jeunesse occidentale. Une nouvelle crise en résulta dix ans plus tard dont le monde sortit à grand-peine.

Dans l'intervalle, la guerre du Viêtnam avait cristallisé à tort ou à raison une fronde estudiantine qui se transforma en émeutes dans les quartiers noirs des grandes villes, sous l'effet retardé des promesses trop lentement tenues. Dans le tumulte, le mouvement hippy («faites l'amour, pas la guerre») se développa, qui jetait les enfants aux fleurs comme jadis dans le temple de Tanit on les jetait aux flammes avec le même effet, celui de les détruire. La drogue, dont on n'a pas encore compris dans quelles circonstances elle fit son apparition chez les adolescents, contribua aux ravages.

La contestation eut pour effet de commencer à faire douter de l'Amérique («L'Amérique brûle-t-elle ?» titrait un éditeur connu ; déjà nous répondions que c'était pures balivernes), mais elle put imposer l'évacuation du Viêt-nam par les forces américaines, avant de créer les conditions suffisantes pour que l'affaire du Watergate prît des proportions monstrueuses et que le président Nixon en fût réduit à démissionner.

La suite ressortit encore au journalisme plus qu'à l'histoire. La crise des années soixante-dix ayant mis en péril la société de consommation, la contestation disparut d'elle-même et après la présidence-charnière de Jimmy Carter, élu davantage pour son intégrité et sa foi religieuse que pour diriger un pays dans l'orage, Ronald Reagan fut porté à la Maison-Blanche par deux raz de marée consécutifs.

L'arrivée de Reagan à la Maison-Blanche, en 1981, a coïncidé avec des événements planétaires capitaux - si même elle ne les a pas engendrés. D'une part, le nouveau gouvernement a introduit un discours économique offensif, appelé par les spécialistes «l'économique de l'offre». Cette toute dernière version du libéralisme a fait des adeptes dans le monde entier et favorisé la répudiation du dogme économique marxiste sur la plus grande partie de la planète, y compris dans la Chine communiste. D'autre part, la fermeté manifestée par le président Reagan face à l'URSS, notamment la mise au point d'un projet de «guerre des étoiles» (comme il avait été abusivement surnommé par la presse) a énormément contribué à exacerber les difficultés du monde soviétique. La conjonction de tous ces facteurs a permis aux États-Unis de Reagan et de Bush de gagner la Guerre froide et de s'affirmer en cette fin de siècle, comme la seule superpuissance du globe, après la désintégration de son adversaire. Cela n'a pas empêché l'échec, au moins provisoire, de ce que le président Bush espérait être le «nouvel ordre mondial», malgré quelques succès dans ce domaine — notamment la victoire des Occidentaux dans la guerre du Golfe qui a libé-

43

ré le Koweit de l'invasion irakienne en 1991, voire les prometteuses médiations du président Clinton au Moyen-Orient ou en Yougoslavie.

L'Amérique d'aujourd'hui, c'est un pays qui a retrouvé le chemin de la prospérité après avoir triomphé de sa dernière crise cyclique et dont le niveau de vie moyen s'élève régulièrement d'une dépression à l'autre ; mais un pays où la puissance économique doit s'accommoder d'un danger latent que font peser sur elle les aléas récurrents de la conjoncture ; où une bureaucratie de type romain menace d'encombrer la « république impériale », suscitant des appels à la réforme autant que des résistances dont sont résultés, notamment, certains des affrontements entre le président Clinton et le Congrès ; où le potentiel technologique a supplanté le potentiel industriel – sans que celui-ci fasse défaut – dans le cadre d'une révolution informatique généralisée qui pourrait bien être considérée par les historiens de demain comme le véritable début de l'ère post-industrielle.

1. Manhattan.
Le Rockefeller
Center enfermé
dans un cirque
de gratte-ciel.

2. La statue de la Liberté, d'une hauteur de 93 m,
s'élève sur l'île de Liberty Island.

3. Un tableau féérique : Brooklyn Bridge et Manhattan vus de nuit.

4. *Ouverture sur Manhattan Bridge vers Brooklyn.*

5. *New York vu du Rockefeller Center.*

6. *Brooklyn Bridge. Ce pont de 1 052 m de long et suspendu à 40 m au-dessus de l'East River a reçu une dimension mythique dans la littérature et le cinéma.*

7. *Greenwich Village.*
Escaliers de fer sur les
façades des vieilles
maisons.

8. *Le quartier*
de Downtown.

9. *La Bourse*
de New York.

10-11. La plaza intérieure du World Trade Center, agrémentée d'espaces verts et de fontaines dont le globe rotatif en bronze de Fritz Kœnig.
Recherche écologique : un arbre à chaque étage sur ce building de Manhattan.

12. Statue
de George
Washington
à Wall Street.

*13. L'église
St-Paul,
dans
Manhattan.*

14. *Une vue plongeante sur Park Avenue.*

15-16. *Central Park, le grand espace vert new-yorkais.*

17. Le spectacle de la Cinquième Avenue évolue rapidement
au gré d'une mode à laquelle New York donne le ton.

18. Trump Tower, galeries marchandes dans la Cinquième Avenue.

19. La presqu'île de Manhattan, le plus célèbre paysage
de New York que Jean Cocteau appelait une « Ville debout ».

20. L'église
épiscopalienne
Saint-Thomas
dresse ses tours
néo-gothiques
construites
en 1913 sur la
Cinquième Avenue.

PHILADELPHIE

21. La maison de Thomas Jefferson, auteur de la Déclaration d'Indépendance, à Monticello (Virginie).
22. Liberty Bell (la) cloche de la Liberté) qui sonna le rassemblement des habitants de Philadelphie pour la première lecture publique de la Déclaration d'Indépendance.

23. La Maison-Blanche.

24-25 Deux vues de la coupole du Capitole,
siège de la Chambre des Représentants et du Sénat.

23 | 24 | 25

26-27-28 Washington.
Maisons du quartier résidentiel
de Georgetown.

29. Washington. Le cimetière national d'Arlington créé en 1864
où sont enterrés les anciens combattants,
le soldat inconnu et un certain nombre de personnalités.

30. Washington. Federal Triangle, le quartier des Ministères.

31 | 32

33 ▷

31. Washington. National Air and Space Museum.

32. Washington. Le John F. Kennedy Center for the Performing Arts, palais culturel consacré à tous les arts du spectacle.

33. Washington. Le Jefferson Memorial abrite une statue en bronze de Thomas Jefferson.

WILLIAMSBURG

34-35. Washington. Musée des Arts et de l'Industrie.
Mobile de Calder à la National Gallery of Art.

36. A Williamsburg (Virginie), la circulation automobile est interdite dans l'enceinte
de la ville.

*37-38. Williamsburg. Un million de visiteurs admirent chaque année
les bâtiments anciens, restaurés ou reconstruits dans le style du XVIIIe s.*

V
LES CAPITALES :

New York, Philadelphie, Washington, Williamsburg

Des charpentiers de navires et des maisons en bois
Un jaillissement de gratte-ciel comme un spectacle naturel
Entrer dans le film
Plus haut que le chapeau de Penn
Les neuf sorciers de la tribu américaine
Un document, une mascarade ou un instrument pédagogique
Une capitale de l'imaginaire

1. NEW YORK

L'arrivée à l'aéroport Kennedy de New York est toujours pour le voyageur un épisode quelque peu éprouvant. Après la descente d'avion et la cavalcade traditionnelle dans les couloirs, c'est la longue file d'attente devant les guichets des agents de l'immigration. On peut y passer une heure pour peu que plusieurs vols soient arrivés en même temps. Chacun piétine. Les préposés examinent chaque passeport, chaque visa pour tenter de limiter l'immigration clandestine. Première constatation des touristes venus de pays où le sens de la discipline le cède au système D : les files américaines, ici comme dans toutes les administrations, sont l'objet de règles d'une stricte politesse ; nul ne peut s'approcher du guichet, au-delà d'une ligne jaune peinte sur le sol, avant d'avoir été appelé ou avant que la personne précédente ait quitté les lieux.

Au-delà, c'est comme partout la récupération des bagages, la douane et les longs couloirs vers la sortie où le voyageur doit abandonner, malgré la méfiance de certains, ses valises à un tapis roulant. Enfin dehors. C'est New

York et ce n'est pas New York. La ville est en effet divisée en cinq quartiers dont seul Manhattan répond à l'image que l'on s'en fait. Les quatre autres, Brooklyn, le Bronx, Staten Island et Queens (où se trouve l'aéroport) ressembleraient plutôt à des faubourgs. Première surprise sur la route de Manhattan : on s'attendait à des gratte-ciel et on se trouve en présence de maintes maisons en bois assez clairsemées. Autant se faire tout de suite à cette idée : les villes américaines ne ressemblent guère aux cités européennes ; seul le centre (ici ce sera la presqu'île de Manhattan) présente une grande densité de constructions ; partout ailleurs, une agglomération américaine ressemble à un fromage de gruyère, avec beaucoup de trous. L'explication de ce phénomène est la même que pour la présence du bois dans la construction. Les premiers colons n'avaient pas de maçons avec eux et leurs premiers bâtisseurs étaient par nécessité des charpentiers de marine ; comme les forêts étaient surabondantes, on construisit d'abord en bois et la coutume s'est largement perpétuée partout ailleurs que dans le centre des grandes villes. En outre, comme l'on n'avait pas à craindre, comme en Europe, les guerres perpétuelles, faute d'ennemis, et que l'espace était ce qui manquait le moins, rien ne justifiait que l'on construisît des maisons serrées les unes contre les autres à l'abri de remparts ; on prit l'habitude de bâtir des maisons isolées les unes des autres et chaque ville s'étala à son aise. Si la petite presqu'île de Manhattan échappe à cette règle comme le coeur de toutes les grandes métropoles américaines, où la densité est fonction du prix du terrain, c'est aussi l'une des raisons pour lesquelles les New-Yorkais ont essaimé dans les quatre autres quartiers et les interminables banlieues environnantes.

Quoi qu'il en soit, après avoir fait ces premières constatations et salué au passage les célèbres courts de tennis de Flushing Meadow, le voyageur quitte enfin Queens pour entrer, environ une heure après être sorti de l'aéroport, dans Manhattan dont le profil (le célèbre *skyline*) vient de lui apparaître au détour d'un pont.

Mais bientôt c'est l'aspect le plus traditionnel de New York qui se présente aux regards. On entre pour ainsi dire dans le film, en pénétrant dans les rues périphériques de la ville où les maisons en brique sont dotées de ces fameux escaliers extérieurs en fer qui font partie intégrante de toute image conventionnelle de New York. Et c'est, avec une étonnante rapidité après ce long trajet, l'arrivée à l'hôtel, où qu'il soit : la presqu'île n'a en effet que quatre kilomètres de large, encore qu'elle s'étende sur vingt kilomètres de long. D'une côte à l'autre, on la traverse en moins d'une heure à pied et il n'y faudrait que quelques minutes en voiture, n'étaient les encombrements. «Ville debout», a dit Jean Cocteau. Ce n'est que l'un des innombrables jugements célèbres portés sur cette ville fascinante, chatoyante, où chacun semble faire, se vêtir, courir comme bon lui semble (ne pas tourner la tête, S.V.P., pour ne pas avoir l'air d'un provincial), où le cosmopolitisme et la diversité ethnique sont tels que le centre du centre, à Times Square, au coin de Broadway et de la septième avenue, ressemble nuit et jour à un carnaval bariolé, sous les néons de la publicité qui inspirèrent à Fernand Léger l'idée de placer la couleur *en dehors* des personnages, dans quelques-uns de ses tableaux les plus notoires. (Attention, il n'y a guère que sur cette place célèbre que se manifeste la publicité tapageuse dont le touriste croyait trouver le spectacle partout dans la ville!)

Mais il ne suffit pas de se promener le nez en l'air, entre les gratte-ciel anciens ou modernes, de pierre ou de verre, marbre et bronze, pour avoir une idée du foisonnement de New York. Il faut prendre, contre le paiement de quelques *cents*, le ferry-boat de Staten Island, sur le port, pour voir de loin l'ensemble du jaillissement

sauvage de ces gratte-ciel qui ont poussé sans le moindre souci d'urbanisme, avec une telle vigueur, une telle impétuosité, que les ensembles européens les plus élevés, les plus connus, celui de la Défense à Paris par exemple, ressemblent par comparaison à des maquettes compassées. Toute la fougue américaine est déjà dans ce spectacle auquel on peut reprocher les mêmes défauts qu'au capitalisme — la sauvagerie, l'absence de planification — mais qui, comme le capitalisme, a fait la preuve par neuf de son efficacité face à tous les autres systèmes actuellement connus. Il y a une beauté qui empaume dans cette poussée semblable à un spectacle naturel, alors que le ferry-boat passe lentement à côté de la vieille dame de Bartholdi, la statue de la Liberté, sur la petite île de Liberty Island, non loin de cette autre petite île, poignante, qu'est Ellis Island où les immigrants attendaient d'être admis sur la terre promise symbolisée par cette statue à quelques encablures, où étaient gravées les paroles célèbres : Donnez-moi vos pauvres, vos opprimés... Certains ne dépassèrent pas Ellis Island et furent tragiquement refoulés, mais l'immense masse des nouveaux venus allait franchir l'étape pour se fondre dans cette nation d'immigrants dont on a dit qu'elle était une majorité de minorités.

Retour au port. Voici, dans un fouillis de ruelles, le site acheté pour cinq dollars (certains disent vingt dollars, payés en peaux de castor ou en pacotille) par le Hollandais Peter Minuit qui réalisa ce jour-là la plus belle spéculation immobilière de tous les temps. Voici la rue du mur, Wall Street, qui marquait l'emplacement d'une fortification provisoire contre les convoitises des autres puissances au tout début de la colonisation ; au-delà, c'est l'ancien village des rapins, Greenwich Village, puis enfin, après Washington Square qui marque l'orée du Village, la ville moderne au quadrillage impeccable avec ses dix avenues en largeur dûment numérotées (plus quelques autres) et ses rues numérotées elles aussi mais de 1 à 200, dans le sens de la longueur. La cinquième avenue marque la césure entre l'ouest, sur le fleuve Hudson, et l'est bordé par l'East River. Le long de l'Hudson, le touriste curieux découvrira un paysage sordide rendu célèbre par le film *West Side Story* ; de l'autre côté, le long de l'East River, l'ONU — «ce machin !» — dresse son calorifère qui fut le premier gratte-ciel de verre et que visitent religieusement les touristes, soumis pendant une heure à l'endoctrinement des gens de la maison.

Remontons la cinquième avenue à partir de Washington Square où traînent à longueur de journée les désoeuvrés de toutes races et les étudiants de l'université de New York, parmi les joueurs d'échecs sous les arbres et devant l'arc de triomphe de Washington. Bientôt voici l'Empire State Building. C'est la nuit qu'il faut voir le spectacle offert par la plate-forme du 86e étage (il y en a 102) d'où la vue plonge vers les profondeurs surréalistes de la rue pointillée de feux rouges et dont une sorte de brume orangée semble laisser jaillir les édifices des profondeurs du sol, comme remonterait une ville engloutie.

Un peu plus loin, la bibliothèque municipale de New York, l'une des plus belles du monde, offre une image paisible et érudite au touriste qui accède à la partie la plus élégante de la ville, axée sur le Rockefeller Center, tout en fleurs, verdures, eaux courantes, enfermées dans un cirque de gratte-ciel dont les promoteurs ont sacrifié une partie de la rentabilité pour ménager, aux frais du propriétaire, des petits espaces d'agrément où il fait bon flâner. Opération de charme et de *public relations* de la part de capitalistes soucieux de leur image de marque ou volonté d'améliorer la qualité de la vie ? Le fait est que l'on remarque à New York d'innombrables coins de repos aménagés au pied des grands buildings pour humaniser une ville dont on a trop dit qu'elle était inhumaine. A deux pas du Rockefeller, la dernière venue des grandes tours, la luxueuse Trump Tower, est même dotée d'une fort agréable cascade intérieure.

Encore quelques pas et nous sommes à Central Park, non sans avoir laissé de côté, à un jet de pierre, le Museum of Modern Art où il faudra retourner voir les merveilles et les abus, les maîtres et les cocus du vieil ou du nouvel art moderne. Le Park, où il est encore dangereux de se trouver la nuit, abrite pendant le jour promeneurs et calèches, joggers et cyclistes, musiciens et joueurs de base-ball, amoureux de tous les temps — dont certains (ô horreur) se caressent sans ôter de leurs oreilles (sois belle et tais-toi) les écouteurs de leur walkman. C'est sur le Park que donne le Metropolitan Museum (le Louvre de New York) presque en face du fameux musée Guggenheim, construit en rond par Frank Lloyd Wright, où l'on monte en ascenseur au sixième étage pour redescendre à pied le long de rampes douces en spirales en regardant les tableaux disposés le long du mur de l'arène.

Au-delà, c'est Harlem, la ville noire, dont les maisons jadis bourgeoises sont trop souvent occupées par des miséreux, des laissés-pour-compte de l'opulence, qui n'ont pu fuir vers les riches banlieues comme tant d'autres de leurs frères de race. La ville est ponctuée de carcasses incendiées (souvent par leurs propriétaires mêmes qui préfèrent les brûler que les entretenir pour le compte de squatters éventuels).

Mais New York qui se flatte d'être la cité-empire, la capitale *virtuelle* des États-Unis, mais n'est pas la capitale de l'Union, ni même celle de l'État de New York, a trouvé dans le langage des Harlémites son nouveau symbole et sa nouvelle image : la grosse pomme, *the big apple*. C'est un terme qui désignait «le gros lot», «la chance», dans l'argot des musiciens de jazz. C'est maintenant le symbole de la renaissance d'une ville jadis frappée, il y a trente ans à peine, par la banqueroute et le discrédit, mais qui a rebondi une fois de plus comme toujours et a imposé au monde une devise-symbole, une métaphore-valise qui comprend tout, qui dit tout et le reste : I ❤ N.Y.

2. PHILADELPHIE

A trois heures de New York par la route, dans la direction du sud, en Pennsylvanie, la ville de Philadelphie, la première capitale de la nation, fondée par les quakers de William Penn, s'enorgueillit de l'Independence Hall, dont les murs — d'un élégant style dix-huitième — virent Thomas Jefferson faire voter, au cours d'une séance historique, la Déclaration d'Indépendance. Tout a été reconstitué, restauré, remis en état, même le quartier environnant, où vécut Benjamin Franklin. Si l'émouvante «cloche de la Liberté» se trouve maintenant dans un petit pavillon en verre, devant le Hall, un grand effort a été fait, en collaboration avec la population, pour restituer à ce petit coin du passé son aspect d'origine. Non loin se dresse l'hôtel de ville surmonté d'une immense statue de William Penn qui domine le paysage environnant. Des règlements municipaux interdisent de bâtir des bâtiments «plus hauts que le chapeau de Penn». Les quakers, connus et moqués pour leur religiosité mystique outrancière, ont toujours forcé l'admiration par leur dévouement inébranlable aux meilleures causes (celles des Indiens d'abord, des esclaves noirs, notamment, ensuite) en dépit de trop nombreuses persécutions. Ils en ont été récompensés, semble-t-il, par une réussite matérielle qui allait de pair avec leur frugalité. Ils sont peu nombreux aujourd'hui, mais non moins actifs au service du Bien (comme on l'a vu par les secours qu'ils ont adressés aux victimes du temps de guerre). Philadelphie, la ville de l'amour fraternel, est maintenant une immense cité moderne et industrieuse, groupée autour de son quartier historique, mais elle n'a rien oublié bien qu'elle ait cédé le rang de capitale fédérale à la ville de Washington, non loin de là.

3. WASHINGTON

Cap au sud. A une heure encore de Philadelphie, voici la capitale fédérale, au bord du Potomac. Ville paisible et administrative dont le plan élégant fut dessiné par un Français, rescapé de la guerre d'Indépendance, le major L'Enfant, c'est le carrefour des symboles. Le site avait été choisi par George Washington qui le connaissait bien pour avoir résidé toute sa vie à Mount Vernon, son élégante résidence coloniale à quelques kilomètres de là, sur le fleuve. Dûment restaurée, la demeure du général est certainement le plus beau joyau de la capitale, encore qu'elle se trouve en dehors de la cité. Le bâtiment est intact, d'une finesse séduisante, témoignage des moeurs raffinées du Sud dont elle marque l'entrée. Le mobilier d'époque, et parfois même d'origine quand on a réussi à le retrouver, rend bien compte de la façon confortable dont vivait un planteur cultivé, au XVIIIe siècle. La véranda à colonnes donne sur un paysage calme d'eau et de verdure. Le héros est enterré dans un coin romantique du parc qui eût enchanté Chateaubriand, son contemporain, à quelques années près. Les dépendances, cuisine, fumoir, buanderie, remises et écuries, tout y est témoignage, même le quartier des esclaves, infiniment moins misérable et surtout moins pathétique que l'infâme Gorée du Sénégal où avaient embarqué les captifs noirs. Mais George Washington est mort sans avoir pu voir l'achèvement de la ville qu'il avait voulue. Il n'a jamais résidé à la Maison-Blanche et s'il est présent dans la capitale, c'est sous la forme d'un immense obélisque de 166 mètres dressé à sa mémoire et qui porte son nom, juste devant l'actuelle résidence des présidents américains.

Toute la Washington fédérale est ramassée autour d'une vaste pelouse rectangulaire de plus de trois kilomètres de long (le *Mall*) dominée par la colline du Capitole où siège le Congrès sous une coupole copiée du Panthéon de Paris. Derrière le Capitole, dans le style gréco-romain qu'affectionnaient les fédéralistes convaincus d'être les héritiers de la démocratie grecque et de la république romaine, le bâtiment de la Cour suprême abrite les neuf sages — pour ne pas dire les neuf sorciers de la tribu américaine — nommés à vie, inamovibles, dont les décisions peuvent même casser les lois du Congrès et qui donnent souverainement leur avis sur tous les aspects de l'*american way of life*, sans souci de se contredire une fois par siècle pour renverser la jurisprudence établie dans les domaines les plus importants ; on l'a vu quand ils ont admis la ségrégation raciale vers la fin du XIXe siècle, puis l'ont condamnée définitivement en 1954 ; quand ils autorisé des entorses à la liberté d'expression notamment après la «guerre de 14» pour revenir à une vue très libérale par la suite ; quand ils se sont opposés aux lois sociales du début du siècle, puis au New Deal de Roosevelt pour changer d'avis presque aussitôt pendant les années trente. Il ne faut pourtant pas caricaturer leur action. S'ils régentent parfois les moeurs en certaines occasions, qu'il s'agisse de la prière à l'école ou de l'avortement, de la pornographie ou de la peine de mort, leur tâche principale est surtout de dire le droit ; et leur impartialité, leur érudition dans ce domaine leur valent un respect unanime sur lequel ils misent quand ils prennent des décisions plus audacieuses, que leur dictent leurs convictions morales personnelles.

A l'autre extrémité du Mall, face au Capitole se dresse le temple carré de Lincoln. Une statue monumentale du grand homme assis s'y tient toute seule, impressionnante, dans un espace dépouillé. La majesté du lieu, où est gravé le discours de Gettysburg («Du peuple, par le peuple, pour le peuple»), convient à cette oeuvre d'un réalisme symbolique qui rend bien le caractère fruste et profond, les traits rugueux de l'Emancipateur.

C'est, en revanche, dans un temple à coupole, au bord de l'eau, entouré de verdure, que Jefferson fait face à la Maison-Blanche, par-delà le *Mall*. Le grand humaniste s'y trouve dans un cadre approprié à un héros national qui fut penseur et philosophe, architecte, ambassadeur en France avant de devenir président des États-Unis. La Déclaration d'Indépendance est inscrite sur les murs.

Juste en face, de l'autre côté de la pelouse, se tient la Maison-Blanche, ainsi nommée parce qu'elle fut repeinte en blanc après le raid rapide des Anglais qui l'incendièrent à titre d'avertissement au temps des guerres napoléoniennes (1812) ; son architecture bien connue est peut-être copiée sur un castel du sud-ouest de la France, mais plus vraisemblablement sur un modèle anglais du XVIIIe siècle.

Mais à côté de ces symboles historiques du passé, il en est un — et même deux — qui célèbrent les temps modernes sur le *Mall* de Washington. Le premier est le musée de l'Aéronautique et de l'Espace, de construction toute récente. Il est aisé de voir qu'il s'agit moins peut-être d'un musée que d'un monument à la gloire de l'Amérique contemporaine. Certes, l'on peut admirer sous ses hautes structures de verre, comme en plein ciel, fusées et satellites artificiels, sondes spatiales et véhicules astronautiques, en même temps que les avions de la conquête de l'air. Il n'y manque ni un document pédagogique ni un élément d'information, dans un contexte muséographique qui est une réussite en soi. Mais on sent bien que tout l'orgueil national s'épanouit dans un monument que nulle autre puissance n'aurait pu se permettre de construire — pas même les Soviétiques, à la fois moins avancés dans la conquête de l'espace et moins capables de s'exprimer de façon aussi éclatante en raison des blocages de leur société.

Mais parmi tous les musées, notamment la National Gallery et les bâtiments du Smithsonian qui ornent le *Mall*, il en est un qui marque un autre symbole ; c'est le superbe musée Hirshhorn, musée en rond construit à ses propres frais par un pauvre réfugié de la Seconde Guerre mondiale devenu milliardaire, pour y abriter les oeuvres d'artistes réfugiés comme lui : il regroupe aujourd'hui des oeuvres des plus grands créateurs des temps modernes — tant il est vrai que la plupart d'entre eux se sont trouvés persécutés.

Au nord du *Mall*, la ville de Washington s'étend à perte de vue ; elle déborde largement aujourd'hui les limites qu'avait prévues Washington pour le district fédéral (le district de Columbia) destiné à la contenir. Cette ville à prédominance noire, peuplée presque exclusivement de fonctionnaires, empiète maintenant sur le Maryland et la Virginie.

4. WILLIAMSBURG

A deux heures de route, au sud de Washington, se trouve l'ancienne capitale historique de la Virginie, Williamsburg. A ceux qui s'étonneront de voir figurer cette petite ville dans le présent chapitre, on pourrait alléguer que l'ancien président Ronald Reagan doit partager notre avis puis-qu'il y a réuni, au sommet, les chefs d'État des pays industrialisés lors d'une conférence fameuse, mais la raison risque de ne pas être convaincante, c'est pourquoi ce choix demande une explication.

Il y a quelques dizaines d'années, la vieille capitale de l'ancienne colonie

— aujourd'hui pimpante, vivante, sous son aspect d'autrefois miraculeusement restitué — affichait encore bien piteuse allure. La plupart des quatre-vingt-six bâtiments d'époque, désormais préservés, avaient bien besoin d'être restaurés. Si le collège universitaire William and Mary, le plus ancien de l'Amérique coloniale, fondé en vertu d'une charte royale de 1693, était partiellement intact (et fonctionnait toujours), de même que la poudrière de la garnison avec ses murs épais, le palais du gouverneur demandait à être reconstruit, comme le Capitole ; d'autres bâtiments publics, des demeures privées, des magasins allaient être refaits de toutes pièces ; et il fallait reconstituer entièrement la légendaire taverne Raleigh où se réunissaient, comme dans celle de Henry Wetherburn ou autres établissements similaires, au XVIIIe siècle, les membres de l'assemblée de l'État, pour y discuter entre eux en dehors des séances, puis, à partir des années 1760, pour comploter et préparer l'Indépendance.

Après quelque quarante ans de travaux acharnés de restauration (1926-1968), grâce aux subsides généreux et abondants des Rockefeller qui ne ménagèrent ni leur peine, ni leur argent, ni leur enthousiasme, la ville a été refourbie, ressuscitée, et pour ainsi dire remise à l'état de neuf. Des briques ont été fabriquées selon les procédés de jadis pour être utilisées dans la reconstruction de certaines parties détruites ; du verre a été soufflé à l'ancienne pour faire les vitres des fenêtres. Si d'accortes jeunes femmes en costume d'époque vous vendent des tricornes ou des jambons fumés dans quelque magasin récemment rebâti à l'identique, c'est parce que les historiens ont trouvé les traces d'une boutique similaire sur le même emplacement. Une presse contemporaine de Benjamin Franklin imprime (comme jadis sous la férule de la veuve Clementina Rind) les écriteaux qui guident les visiteurs dans le périmètre historique où tout, l'original et la copie, remonte à plus de deux cents ans ; c'est le vieux pavillon royal anglais qui flotte sur le palais où les volumes de la bibliothèque sont dans une large mesure ceux-là mêmes qui s'y trouvaient lors de la guerre d'Indépendance, sinon des exemplaires de la même édition, tels qu'ils figuraient au catalogue du gouverneur. Tous les habitants du lieu sont tenus de s'habiller à la mode seyante du XVIIIe siècle, ce qui semble d'ailleurs ravir la plupart d'entre eux... et surtout d'entre elles. Les voitures automobiles sont naturellement interdites dans l'enceinte. «Si Henry Wetherburn, le tavernier, ou Clementina Rind, la veuve de l'imprimeur, revenaient aujourd'hui, ils se sentiraient chez eux», disent avec raison les gens du cru.

Ce prodige d'anachronisme et d'histoire pose un certain nombre de problèmes au visiteur étranger. Est-ce un document ou une mascarade, une attraction ou un instrument pédagogique ? Que le résultat soit enchanteur, cela ne fait aucun doute. Le visiteur se trouve transporté dans l'Amérique coloniale dont seuls les touristes dérangent l'harmonie. Mais est-il légitime de faire de cette ville un spectacle, se demande l'Européen quelque peu éberlué.

C'est ici qu'il convient d'évoquer le sentiment historique de l'Amérique contemporaine. Ce pays qui n'a pas de passé s'en fabrique un avec ce dont il dispose. Et il y met un soin dont on ne sait s'il est inspiré par l'efficacité *made in USA* ou par un orgueil national démesuré, ou encore par une conception très particulière de l'histoire que l'on s'efforce de rendre aussi présente ou actuelle que possible. Il n'est pas question de laisser sur les bâtiments la marque du temps ; le respect de la patine qui anime tant de scrupuleux restaurateurs du Vieux Monde n'a pas cours ici. Ce n'est pas seulement le souci de montrer aux jeunes générations comment vivaient leurs illustres ou héroïques ancêtres qui a présidé à une entreprise comme celle de Williamsburg, encore que l'esprit pédagogique n'en soit pas absent. On y trouve certainement aussi le sens inné du spectacle qui possède toute l'Amérique, le besoin de rendre le décor aussi parfait que possible, et l'attraction, le *show*, aussi flamboyants. Patrick Henry, l'éloquent défenseur du droit des colonies, Thomas Jefferson et autres Virginiens de fameuse mémoire revivent avec les pierres, sur ces lieux qu'ils ont fréquentés. Pour l'Américain d'aujourd'hui, le passé sera vivant ou il ne sera pas.

Et, une fois le premier choc passé, l'effet de surprise évanoui, au terme d'une journée passée dans la pittoresque et glorieuse capitale des Virginiens, la réaction du visiteur n'est plus aussi narquoise que l'on pourrait croire. Et si (se demande-t-il), dans un vieux quartier comme celui du Marais, à Paris, ou tout autre semblable, un effort similaire restituait au promeneur l'esprit du Roi-Soleil ? Si, dans l'hôtel de Sévigné, transformé on le sait en intéressant musée traditionnel, et dans maintes autres et nobles demeures voisines, on avait plutôt choisi, comme à Williamsburg, de recréer l'ambiance du temps, pour faire recevoir à l'intérieur d'un périmètre historique, par des étudiants vêtus comme Saint-Simon, dans un décor reconstitué, les visiteurs attentifs ou attendris ? Peut-être cela en aurait-il valu la peine. Mais on ne refait pas le monde, ni le Vieux ni le Nouveau. Les vétustes quartiers de l'ancienne Europe, souvent rénovés avec goût (ou non) dans une perspective toute différente, sont ce qu'ils sont et ce que les ont faits leur histoire, leurs habitants d'hier et d'aujourd'hui, l'urbanisme même du XXᵉ siècle, dans des agglomérations où l'espace est limité.

Laissons à Williamsburg, dernière capitale de l'imaginaire, ce qui n'est qu'à l'Amérique et poursuivons notre voyage vers le Sud dont la Virginie est seulement la porte-fenêtre, ouverte à la fois sur le dedans et sur le dehors, comme il se doit.

LOUISIANE

39. New Orleans. L'animation, rue Royale.

40. New Orleans. Les balcons en fer forgé du Vieux Carré, la plus ancienne partie de la ville appelée également le French Quarter

627 St. Peter

Franz Weiss

Häagen-Dazs
ICE CREAM

Cappucino · Pastries

41-42-43. New Orleans. *Berceau du jazz,*
une ville cosmopolite où les Noirs représentent
45 % de la population.

41
––––
42 | 43 | 44

44. New Orleans. Sur les murs de la prison, une peinture murale conçue par un détenu.

45-46-47. La Louisiane était à l'origine l'immense territoire compris entre le Canada et le golfe du Mexique et revendiqué par Cavelier de la Salle au nom de la France. On n'appelle plus ainsi que l'un des États de l'extrême sud où subsiste le souvenir historique des grandes plantations.

48. Louisiane. Au fond de la voûte formée par les branches des arbres centenaires, la riche maison de la plantation Oak Alley.

45 46/47

48 ▷

FLORIDE

Le parc des Everglades, aux environs de Miami, est une des plus célèbres réserves d'oiseaux.

49. Spatules roses, aigrette et cigogne, dans les marais.
50. Les alligators nombreux dans les Everglades font aussi l'objet d'un élevage dans des fermes spéciales.

51. Vol d'oiseaux.

52. *La base de lancement de fusées de Cap Kennedy, en Floride,*
est devenu le centre le plus célèbre des explorations spatiales.

53. *Les îles de Miami Beach, dans la Biscayne Bay.*

54. L'un des plus
grands centres
commerciaux
pour les
équipements
sportifs se trouve
à Orlando,
en Floride,
la ville
de Disney World.

55. Atlanta.

TEXAS

*56. Dallas. Le ranch de JR où furent tournés en partie les extérieurs du feuilleton
télévisé « Dallas ».*

*57. Houston, fondée en 1836, sur le Golfe du Mexique, se vante des souvenirs historiques
qu'elle conserve pieusement.*

58. *Le vaste complexe industriel et commerçant de Houston,*
déjà célèbre par son industrie pétrochimique, s'est acquis une réputation mondiale
grâce au centre de calcul de la NASA qui contrôle les vols spatiaux.

59-60. *Au Texas, les grands chapeaux restent de rigueur aux ventes de bestiaux*
comme aux rodéos (ici le concours de lasso).

61. *Le Texas. Plus grand que la France (713 330 km²), deuxième État américain*
par sa superficie. Des pâturages infinis fermés par des montagnes austères et nues, écrasées
de soleil.

58 | 59 / 60

61 ▷

62-63. Dallas (Texas). *Typiquement américain, l'habitat offre une dense concentration, horizontale dans les faubourgs de la ville et verticale dans le centre (Downtown).*

64-65-66. *Dallas. Chacun occupe ses soirées comme il peut ; au Festival de musique dans le parc,
sous la pyramide de la méditation à domicile ou à la « gay party » chez des amis.*

67. Dallas.
*Le somptueux
self-service
d'un hôtel
de luxe.*

VI

LE SUD

De la difficulté d'être Sudiste
Des magnolias (fleurs et femmes)
Le Sud est sa légende
Tous égaux... mais les uns plus égaux que les autres
Une réserve d'oiseaux-fusées
Mickey, Alice et le sourire du chat

1

«Pourquoi hais-tu le Sud?», demande un personnage de Faulkner à Quentin Compson, l'un des héros désespérés de la saga du fameux écrivain sudiste. Et celui-ci de répondre avec une véhémence révélatrice de ses déchirements : «Je ne le hais pas. Non, non, je ne le hais pas, je ne le hais pas.»

Le Sud s'étend de la Virginie à la Louisiane, mais la quintessence du Sud, c'est sans doute l'État du Mississippi, dont était originaire Faulkner lui-même, qui a passé sa vie dans le comté de Lafayette et plus précisément dans la ville d'Oxford, travestis dans son oeuvre sous les noms imaginaires de la ville de Jefferson dans le comté de Yoknapatawpha. Pourquoi est-il si difficile d'être Sudiste ? Le Sud est une terre violente, écrasée de soleil, qui par certains côtés fait penser à l'Espagne, celle de la légende. Faulkner n'est pas le seul à le penser : tout le mal du Sud vient sans doute du péché originel qu'a constitué pendant si longtemps l'esclavage. La présence obsédante des Noirs a marqué ce pays de façon indélébile. Les grandes plantations de coton ou de tabac avaient besoin d'une main-d'oeuvre abondante et gratuite. Les planteurs qui formaient l'aristocratie locale pouvaient mener une vie raffinée tant que des bataillons d'esclaves leur fournissaient des ressources abondantes, dans leurs merveilleuses demeures dont quelques-unes ont survécu et portent témoignage pour la gloire du temps passé. La guerre de Sécession balaya tout, mit en liberté les esclaves, brûla les plantations, ruina leurs propriétaires. On aurait pu croire que, sur les dévastations, un nouveau Sud allait naître, tourné vers l'avenir. Ce fut au contraire un Sud nostalgique, qui de sa splendeur n'avait conservé que sa morgue. Les Sudistes avaient toujours été hospitaliers mais condescendants envers les étrangers. Désormais ils en voulurent à tout le reste du monde d'être intervenu dans leurs affaires. Il y a trente ans à peine, l'auteur de ces lignes avait fait demander par son agence d'information, aux autorités locales d'une petite ville sudiste à être accueilli pour un reportage ; il fut répondu à l'agence : «Il peut venir s'il n'a pas peur d'attraper un coup de fusil.» C'est de tout cela qu'il sera question dans le présent chapitre, et des magnolias (fleurs ou femmes) et des romans de Faulkner.

2

On peut aimer ou non les paysages du Sud profond. A vrai dire, n'étaient les bayous de Louisiane, sur le golfe du Mexique, avec leurs arbres couverts d'une «mousse espagnole» retombante, des plus photogéniques, ou certaine «région des châteaux» en Virginie où se perpétue la tradition de la chasse au renard, voire quelques forêts, quelques montagnes, le Sud *est* sa légende plus que sa réalité. C'est une façon de ressentir, plus qu'une aire géographique. Il faut avoir vécu quelques jours dans l'une de ses petites villes pour comprendre que le Sud, c'est les Sudistes. Qui sont-ils, ces hommes et ces femmes profondément imprégnés de culture biblique mais qui ne voyaient aucun inconvénient à traiter les Noirs en sous-hommes, convaincus qu'ils étaient de trouver dans les Ecritures la preuve de l'infériorité de la race maudite (on a les Juifs qu'on peut !) et qui

ont pratiqué le lynchage jusque dans les années cinquante ?

Les Sudistes qui ont toujours cultivé un sentiment de supériorité sur les Yankees du Nord — une bande d'immigrés pouilleux, avides de dollars et de réussite matérielle, selon eux — ont été durement humiliés par la défaite militaire infligée à leur pays par ces mêmes Yankees. Ils se sont drapés dans leur orgueil de victimes. Mais en même temps, ils ont surenchéri sur les défauts responsables du désastre : l'intolérance, le mépris de tout ce qui n'était pas sudiste, le racisme, la violence, qui n'excluaient ni le panache, ni les comportements les plus chevaleresques, ni le romantisme de la nostalgie, ni un authentique courage physique. Comme dans certains pays méditerranéens, tout cela s'exprimait fort bien par un conformisme contraignant et une certaine idée de la femme : la «Belle du

Sud», à la fois futile et intrépide, cruelle et passionnée, dédaigneuse envers qui l'aime — son mari bien souvent —, autant que soumise à qui elle aime.

Comme dans tous les pays hantés par la présence d'une minorité raciale (l'Espagne de l'Inquisition, par exemple, avec ses descendants de Maures et de Juifs), le Sud a fait de la pureté du sang un fétiche et de l'incorruptibilité de la femme la garantie de cette pureté. D'où le rituel quasi religieux et sanglant du lynchage presque toujours causé par l'accusation portée contre un Noir d'avoir voulu violer une Blanche ou d'avoir seulement manifesté qu'il la désirait. (Le dernier meurtre de ce type fut celui d'un gamin noir de quatorze ans qui avait sifflé d'admiration, dit-on, sur le passage d'une femme blanche, pendant les cruciales années cinquante.) En outre les «pauvres Blancs» ou plutôt les Blancs pauvres du Sud, en revendiquant fortement leur supériorité sur les Noirs quels qu'ils fussent, avaient le sentiment de ne pas se trouver au bas de l'échelle.

Le processus psychologique est bien connu.

Aussi quand, dans l'entre-deux-guerres, les grandes familles exsangues aux prétentions aristocratiques durent céder la place aux membres de nouvelles générations de «pauvres Blancs» sortis de l'ornière, le sudisme n'évolua pas pour autant, sinon peut-être dans le mauvais sens, vers un surcroît de racisme et de violence qui connut un déchaînement paroxystique lorsque la Cour suprême ordonna la déségrégation des écoles en 1954 et que les non-violents de Martin Luther King arrachèrent à des fonctionnaires et à des notables, fous de rage, l'abolition des lois sur la ségrégation raciale.

Plus que les champs de tabac et de coton, que commencent à supplanter, dans la saga du Sud moderne, l'industrie naissante, le tourisme de Disney World (en Floride) la technique spatiale de cap Kennedy (encore en Floride), le pétrole de Louisiane, ou l'architecture futuriste d'Atlanta, c'est la présence des Noirs et leur histoire récente qui retiendront d'abord notre attention.

3

Dès 1619 arriva le premier chargement d'esclaves noirs, une vingtaine en tout. C'est à cet épisode que les moralistes et les romanciers font remonter le péché originel du Sud. La vérité oblige à dire que les Blancs et, en particulier, les Américains n'étaient certes pas les principaux coupables. Les Noirs étaient réduits en esclavage, sur le continent africain, par leurs frères de race au cours de guerres tribales, et si le honteux trafic des négriers (français entre autres) conféra une ampleur catastrophique à ces déplorables procédés, les Américains étaient si peu préparés à en profiter qu'ils confondirent les Noirs avec les travailleurs blancs, sous contrat de longue durée, qu'on leur vendait pour sept ans, au débarcadère, en échange du prix du passage. Cela explique que les premiers Noirs furent libérés au bout de quelques années et certains devinrent même riches, tout autant que les Blancs et dans les mêmes conditions. Malheureusement, la répétition des arrivages fit rapidement comprendre aux acquéreurs la nature de leurs liens avec les travailleurs achetés à l'encan. Avant la fin du siècle, les esclaves étaient considérés comme des biens mobiliers. Il en serait ainsi jusqu'à la guerre de Sécession.

On a vu comment les esclaves furent émancipés au cours et à l'issue de cette guerre. N'ayant reçu rien d'autre que la liberté de la part de leurs émancipateurs, et surtout pas de moyens d'existence, ils allaient se transformer en instruments dociles des démagogues et en un réel danger pour la population blanche à qui ils avaient de bonnes raisons d'en vouloir. Les pratiques odieuses du Ku-Klux-Klan, si elles furent tout d'abord des moyens de légitime défense, prirent vite des allures revanchardes et racistes, inadmissibles, et servirent de moyen d'intimidation pour empêcher les Noirs de réagir

quand furent votées les premières lois sur la ségrégation raciale, destinées à «remettre les Nègres à leur place» dans le Sud. On ne saurait nier que les politiciens du Nord firent preuve d'une tolérance coupable à cet égard, non seulement pour des raisons de politique politicienne quand ils avaient besoin des voix des électeurs sudistes, mais également par contamination raciste ; ce fut le cas de la Cour suprême quand elle admit la légitimité de cette ségrégation dans des arrêts répétés (notamment, la fameuse décision *Plessy c. Ferguson* selon laquelle les Noirs pouvaient demeurer «séparés mais égaux»).

Cinquante ans de ségrégation suivirent jusqu'à l'arrêt *Brown c. le bureau scolaire de Topeka* qui renversait la jurisprudence antérieure. Cinquante ans d'oppression et d'humiliations pour les Noirs, mais également d'un conformisme étouffant, pendant lesquels la chronique du Sud est hantée par les meurtres collectifs récurrents que constituent les lynchages endémiques quand une foule surexcitée met à mort par la pendaison, par le feu ou à coups de fusil une victime — généralement un Noir accusé de quelque méfait sexuel, mais parfois aussi un Blanc dont le comportement choque violemment la conscience collective. Les romans de Faulkner rendent bien compte du repli hautain du Sud sur lui-même, des obsessions sexuelles qui se traduisent par des tragédies et des révoltes individuelles durement réprimées, par le déclin sinon la dégénérescence des grandes familles. Des romans mondialement connus de celui que l'on tient souvent pour le plus grand écrivain du XXe siècle, *Sanctuaire*, *Le Bruit et la fureur* ou *Lumière d'août*, témoignent avec génie de cet ensemble explosif de passions qui confine à la mythologie. L'inceste y joue un rôle capital et symbolique, dans la mesure où il résume l'obsession de la pureté du sang et les tabous de la morale biblique conçue de la façon la plus étriquée, la plus provinciale.

L'impuissance sexuelle du mâle y prend un aspect non moins obsessionnel. La femme sudiste, élevée dans le culte de la féminité la plus coquette, y joue le rôle de provocatrice, sous ses allures de magnolia, la fleur la plus charnelle et la plus capiteuse, qui est l'emblème du Mississippi en même temps que de tout le Sud.

La ville voisine de Memphis, dans le Tennessee tout proche du Mississippi, se signale à la fois par l'éclat de sa musique noire et par un taux record de criminalité. C'est là que fut assassiné en 1968 le pasteur Martin Luther King, après ses campagnes non violentes qui avaient porté un coup décisif à la ségrégation.

C'est en effet dès la fin des années cinquante que les Noirs, forts du renversement de jurisprudence de la Cour suprême, avaient entamé une action pacifique mais efficace sous la conduite du pasteur dont la première initiative fut le boycott des transports en commun de la ville de Montgomery dans l'Alabama : après un an de ce boycott par la population noire qui mit la compagnie au bord de la faillite, la déségrégation triompha (la compagnie sauva la face en arguant d'une nouvelle décision de la Cour suprême et en prétendant qu'elle cédait à la loi, pas aux Noirs).

Il fallut encore plusieurs années de manifestations brutales de la part des Blancs et d'agitation non violente de la part des Noirs, couronnées par des interventions de l'armée fédérale, pour qu'enfin, à l'issue des années soixante, la situation devînt à peu près normale. Entre-temps, cette tempête avait entraîné de telles convulsions dans tout le pays, au Nord comme au Sud, qu'on lui doit sans doute, par ricochets, les fameuses et délirantes émeutes des ghettos au cours des années soixante et la formidable révolution sexuelle, entre autres — au cours de ce que Henry Kissinger a appelé «les années orageuses», sous l'impulsion notamment de la jeunesse hippie et des étudiants contestataires qui enflammèrent l'imagination des adolescents du monde entier.

4

Le nouveau Sud qui manifeste sa présence, encore sporadique, est celui que modèle le lent investissement des États du soleil par les firmes du Nord, soucieuses de s'installer dans une région où la puissance des syndicats se fait moins sentir que dans le Nord et où les salaires sont moins élevés ; où un vide relatif permet des implantations fructueuses ; où un marché en expansion obéit à la règle selon laquelle l'offre crée sa propre demande. Du golfe du Mexique à la Californie, le Sud et le Sud-Ouest (dont nous parlerons au chapitre suivant) sont propices à l'industrie de pointe qui n'exige plus de grandes concentrations ouvrières, mais au contraire des laboratoires robotisés sous un climat moins exposé aux intempéries que le Nord et le Nord-Est. Les Noirs, même, qui avaient fui en foule vers le Nord, commencent à revenir.

Mais que l'on ne s'y trompe pas, la terre est toujours là, brûlée par un soleil impitoyable, et les passions, qu'engendre peut-être le climat, n'ont pas disparu sous les coups de la modernisation, même si l'alcool et le racisme y font moins de ravages que jadis ou naguère.

Certes, le tabac recule devant un assaut bien orchestré, et le coton se replie sous la concurrence du tiers monde. Et désormais les grands propriétaires cultivent leurs terres sans l'aide d'une armée de Noirs, grâce à des batteries de machines qui ont pris le relais des anciens esclaves. Aujourd'hui, le maître d'un domaine vit dans des conditions qui rappellent, toutes proportions gardées, celles de l'ancien Sud : il habite une belle résidence coloniale imitée des demeures historiques et exploite ses propriétés avec l'aide d'un parc d'engins mécaniques, ce qui l'occupe seulement quelques heures par semaine ; à peine a-t-il besoin de louer une escouade de journaliers au moment de la récolte.

Seul le paysage est encore là, mais les forêts que l'on s'occupe enfin de reboiser ont été largement détruites, par régions entières, sous les effets répétés de la négligence et de l'exploitation, sinon par la pénétration des autoroutes. Le gibier a subi le même sort, ce qui prive les Sudistes d'un passe-temps sanglant où ils trouvaient un exutoire à leur violence.

Le nouveau Sud est symbolisé par l'explosion architecturale de la ville d'Atlanta, chère à la Scarlett d'*Autant en emporte le vent* et rivale désormais fort crédible de la Nouvelle-Orléans. Certes la ville avait été rasée par un incendie ravageur lors de l'entrée des troupes yankees, mais cela n'explique pas entièrement que le seul vestige de l'ancien temps soit une lanterne publique que l'on conserve pieusement. Atlanta est aujourd'hui une plaque tournante de l'économie sudiste, une capitale où siégea, en qualité de gouverneur de la Georgie, celui qui deviendrait le président Jimmy Carter, où Martin Luther King avait établi son quartier général, et où règne encore la puissante société Coca-Cola. Les architectes les plus audacieux s'en sont donné à coeur joie pour édifier sous un ciel immaculé les constructions les plus extravagantes. Et cela c'est encore et toujours le Sud. Un nouveau Sud.

Pourtant les épisodes de la bataille d'Atlanta que retrace un cyclorama (visite recommandée aux touristes) semblent si frais dans les esprits que la marche dévastatrice du général Sherman à travers la Georgie fait encore l'objet de malédictions ou d'invectives sous la plume ou dans la bouche de quiconque l'évoque - y compris dans maintes publications touristiques. Inversement, les visages des principaux chefs sudistes, Lee, Jackson, Jefferson Davies, sont gravés dans le granit de la Stone Mountain, autant que dans les mémoires. Il n'en reste pas moins, dans la région, quelques rares maisons dites *antebellum* (antérieures à la guerre de Sécession) autour desquelles s'articulent des pèlerinages touristiques.

Entre l'hier et l'aujourd'hui, coule l'omniprésent breuvage qui est né, selon la légende, d'une recette locale et d'une idée («mettez-le en bouteille») pour devenir, sans doute, le liquide le plus largement consommé sur la Terre après l'eau ; il fait l'objet d'une exposition permanente intitulée : *The World of Coca Cola* où un millier d'objets retracent l'histoire centenaire de la firme. On y apprend que «le 8 mai 1886 un pharmacien d'Atlanta, appelé Pemberton, mit au point un nouveau sirop qu'il entreprit de vendre aux amateurs, pour 5 *cents* le verre. Selon la légende, cette boisson qui allait enthousiasmer les foules aurait été mélangée par hasard à de l'eau gazeuse». Pemberton demanda à son comptable d'inventer et de dessiner un nom pour la nouvelle boisson. Pour quelques dollars, il céda la formule secrète, deux ans plus tard, à un acheteur astucieux qui devint le fondateur de la compagnie. En 1913, la nouvelle bouteille aux formes féminines faisait son apparition. Contribua-t-elle au succès en agissant sur le subconscient ? On connaît la suite.

Le passage de Martin Luther King dans la ville et dans l'Histoire des États-Unis est rappelé en permanence par le Centre et le «district» qui portent son nom et où se perpétue sa mémoire, en même temps que l'on s'efforce d'y parachever son oeuvre. C'est dans l'église où s'est illustrée sa famille, l'Ebenezer Baptist Church, que nous avons naguère assisté à un prodigieux office religieux dont nous écrivions alors le récit dans un magazine, aujourd'hui disparu, sans chercher à dissimuler notre enthousiasme pour les choristes du quartier qui prodiguaient leurs *spirituals* à coeur et à gorge déployés. Parmi les attractions de la nouvelle Atlanta, celles de demain déjà, figure une visite aux studios de la télévision planétaire CNN (Cable News Network).

Après avoir obtenu d'organiser les Jeux Olympiques de 1996, «les J.O du Centenaire», la ville (dont les 400 000 habitants forment le noyau dur d'une population métropolitaine de 3 millions de personnes) se flatte en effet d'être déjà le point d'ancrage de l'actualité quotidienne à l'échelle du globe. On peut voir, en parcourant le quartier général de la chaîne, les instruments de la technologie de pointe utilisés dans ce domaine et les hommes qui rivalisent avec eux autant qu'ils s'en servent.

Non loin de là, en descendant toujours vers Miami, où affluent désormais les retraités nordistes en quête de soleil, la base spatiale de cap Kennedy déploie, dans une réserve marécageuse d'oiseaux, ses fusées titanesques lancées à la conquête de l'espace, ses hangars colossaux et ses laboratoires aseptisés. L'arrivée des masses de techniciens et, lors des lancements, de hordes de touristes et de journalistes, a fait pousser le long de la côte un collier de motels aux enseignes agressives dans de multiples agglomérations nées d'hier, sinon de ce matin même, où l'on se moque bien du sudisme de papa.

A quelques kilomètres à peine, Disney World draine des millions de visiteurs dans son royaume magique (réplique perfectionnée du Disneyland de Los Angeles). Mickey, Minnie et tous leurs amis y président à un enchantement continu.

Un sourire sans ambiguïté s'étale sur tous les visages dans cette enceinte où rien n'est épargné pour entretenir chez le visiteur un état d'esprit fait d'humour attendri, comme dans le film de *Blanche-Neige*, dont le château en réduction domine cette agglomération artificielle.

Il y a quelques années à peine, au moment où l'Amérique était secouée de spasmes douloureux, nous écrivions que le sourire-symbole de Disneyland ou de Disney World était celui, tout en dentifrice, du général Eisenhower sous la présidence duquel l'entreprise avait été conçue, pendant l'ère optimiste des années cinquante ; mais que désormais, comme pour le chat souriant d'*Alice au pays des merveilles*, seul le sourire subsistait après que le chat avait disparu. Désormais, depuis le début des années quatre-vingt, celles de Ronald Reagan, l'Amérique semble avoir retrouvé, avec sa foi dans le cow-boy — télévisé ou non —, la réalité du chat sous le sourire.

Les royaumes traditionnels de Disney

World, celui des fées, celui de l'Aventure, celui de l'Ouest, celui de Demain, déploient leurs constructions fidèlement reproduites, non sans humour, à l'échelle des deux tiers, comme le petit train de western qui en fait le tour ; des attractions pleines d'ingéniosité permettent d'effectuer une croisière en sous-marin atomique, un safari sur les grands fleuves du monde, une pointe dans le Far West, ou une vertigineuse exploration spatiale, dans un décor réaliste plein de clins d'yeux complices, que partout des automates électroniques animent d'une présence quasi convaincante. Tout est fait pour susciter les bons sentiments d'une Amérique traditionnelle, et les détails rococos abondent dans ce sens comme l'attendrissante parade à grand spectacle des poupées chantantes du monde entier, ou la pancarte malicieuse apposée sur les toilettes et qui porte, au château de Blanche-Neige : «Princes» et «Princesses» (au lieu du «Dames», «Messieurs») car même les enfants royaux vont au petit coin...

Mais Disney World se prétend aussi au diapason du monde le plus avancé grâce à la création, dans l'enceinte, d'une communauté expérimentale («EPCOT») où l'on cherche à vivre à la pointe du siècle. Sommes-nous encore dans le Sud ? La Floride est désormais peuplée d'Américains du troisième âge venus de tous les États de l'Union, à côté de millions de réfugiés cubains. Et il est symbolique de constater que le citoyen le plus célèbre de Miami était, jusqu'à sa mort récente, Isaac Bashevis Singer, quintessence de l'immigré (prix Nobel de littérature comme William Faulkner, dont il est exactement le contraire à tous points de vue) qui écrivait encore en yiddish des contes magiques tirés du folklore de sa Pologne natale, à l'opposé du folklore (ancien et moderne) typiquement américain de Disney World.

5

L'auteur, parvenu à la fin de ce chapitre, se sent un peu coupable de n'avoir pas chanté la Louisiane tant à la mode (où abondent aujourd'hui les réfugiés vietnamiens), les Carolines du Nord et du Sud, dépositrices de traditions nobles ou sordides, l'Alabama dont les fenêtres, comme celles du Missouri, ouvrent sur l'Ouest. Mais de la Virginie à la pointe de la Floride, marquée aussi par le passage du président Nixon, longtemps établi à Key Biscayne, le Sud ne peut être mieux évoqué que par ses contrastes, pour ne pas dire ses moments dialectiques, pour parler un langage de salon parisien.

VII

LE SUD-OUEST

Un atterrissage interplanétaire dans le désert
Le soleil est une donnée économique
Des poupées Katchina fantastiques et multicolores
Max Ernst sur fond de rochers rouges
Un arc-en-ciel pastel plaqué sur la roche
Attention, passage de fantômes !
La joie de vivre de la ville morte
Un carnaval architectural où les bâtiments sont déguisés
Une fourmilière hallucinante de machines à sous

1

Tout le monde n'aura pas la chance d'atterrir sur l'aéroport de Phoenix, capitale de l'Arizona, par une belle nuit d'orage quand le désert est illuminé d'éclairs. Mais dans les immensités du Sud-Ouest, une arrivée nocturne prend de toute façon un aspect extra-terrestre. A l'infini, la ville largement étalée sur son plateau se présente comme une base interplanétaire que balisent les innombrables points bleus de l'éclairage urbain comme autant de pistes surréelles d'envol, sur un plan incliné fuyant éperdument jusqu'à l'horizon...

Bien sûr, un moment de réflexion permet de comprendre qu'il eût fallu raisonner à l'envers et que le cinéma a filmé des visions aussi étranges pour les présenter aux yeux du téléspectateur ou du cinéphile comme des gros plans de science-fiction. Peu importe, l'association d'idées est devenue irrésistible et ajoute un élément fantasmagorique à la beauté du spectacle.

2

Le désert du Nouveau-Mexique et de l'Arizona a laissé pousser ainsi, sur la *mesa*, des villes comme Santa Fe et Albuquerque, dont les noms évoquent le passage de Coronado et des premiers conquérants espagnols, ou plus récemment Phoenix dont le développement vertigineux date de deux ou trois décennies à peine. Elle est si largement étalée et les maisons nagent dans tant d'espace que l'on peut faire plusieurs kilomètres dans les amples avenues de la ville sans découvrir que l'on a pénétré à l'intérieur de ce qui constitue l'agglomération. Seul le centre, comme toujours, présente un peu plus de densité, mais à peine, autour de l'hôtel de ville de style espagnol. Le bois de construction cède ici la préférence à l'adobe, l'argile séchée, plus conforme à la couleur locale. Les firmes électroniques et autres industries de pointe se sont installées également, à qui mieux mieux, dans l'Arizona, comme dans tous les États de la «ceinture du soleil» (*sunbelt*), ainsi nommée à l'instar de ce que l'on appelle, plus au nord, la ceinture du coton (*cottonbelt*) ; et à tout aussi juste titre : le soleil est ici une donnée économique.

Cela dit, le désert commence aux portes mêmes de cette ville surprenante dont les motels et autres hôtels sont d'un luxe aguichant et où les résidences des particuliers ont souvent une allure hollywoodienne. Ils sont loin les temps des chevauchées tragiques des «desperados», comme l'on dit ici dans un fort mauvais espagnol. Loin aussi celui des convois perdus dans le sable de la «piste de Santa Fe», marquée de bucrânes ou d'épaves de chariots. Le petit-fils du grand Cochise, le terrible

chef des Indiens Apaches, a fait du cinéma. Les hors-la-loi s'en sont allés. Comme l'a dit ici le grand poète surréaliste français André Breton, réfugié aux États-Unis pendant la guerre : il y aura toujours une pelle au vent dans les sables de l'histoire. Mais le décor existe toujours dont Walt Disney a tiré un film célèbre, *Le Désert vivant*. Tout autour de Phoenix, les cactées arborescentes dont les longs bras semblent faire des signes quasi humains au voyageur décorent à plaisir une route touristique, dans le faubourg de Scottsdale ; le jardin botanique, pleinement intégré à la nature environnante, aux portes de Phoenix, sert de musée à la végétation splendide et exotique de ce désert effectivement plus vivant qu'on ne pense.

Nous sommes ici en territoire indien et déjà se profilent sur le grand écran de l'horizon les rochers rouges, en forme de monuments naturels, popularisés par les westerns. Ces Indiens, on ne les voit plus guère. Ils n'ont d'ailleurs jamais été assez nombreux pour ne pas se dissimuler dans leurs étendues désolées et, en Arizona, il n'existe guère de réserves quasi touristiques, en bord de route, comme au Nouveau-Mexique, entre Albuquerque et Santa Fe, sans parler de Taos où les Indiens entretiennent leur ville ancienne comme les descendants des colons virginiens ont fait à Williamsburg. Dans un désert ponctué d'églises hispano-indiennes,

Cochimayo, Truchas, Trampas, décorées de saints en bois polychromes — émouvants, voire bouleversants.

La civilisation indienne, il faut ici la chercher au musée de Flagstaff, sur la route du Grand Canyon où nous allons maintenant nous rendre. Mais, au passage, un petit détour de quelques kilomètres permet de faire halte sur un site indien exploré depuis quelques décennies seulement et baptisé bien à tort «le château de Montezuma».

Certes le célèbre empereur n'a jamais séjourné dans les parages et l'endroit semble avoir été peuplé par une tribu troglodyte dans les temps les plus reculés. Qui étaient ces Indiens qui ont taillé une forteresse dans la falaise sablonneuse en utilisant sans doute des grottes et cavernes existantes ? C'est l'un des mystères de la région. Nul ne sait d'où ils venaient, où, ni pourquoi ils sont partis. Le lieu est d'une beauté assez poignante qu'accroît encore le sentiment d'une tragédie vieille de plusieurs siècles. La présence d'un cours d'eau au pied de la falaise explique le choix du site bien dissimulé aux regards et peu facile d'accès. Une sécheresse, une épidémie, une guerre peut expliquer la disparition des habitants. Les Blancs, cette fois, n'y sont pour rien.

Au musée indien de la ville de Flagstaff, pas très grand, à peine un peu poussiéreux, le visiteur pourra s'initier à la vie des tribus de la région, avec leurs rites et leurs costumes dont font partie les étonnantes poupées katchina de la confédération Hopi, statuettes fantastiques et multicolores représentant les esprits dont les Indiens invoquaient la protection. On en trouve partout des copies modernes généralement coûteuses, fabriquées par les artisans indiens ; les exemplaires anciens, naguère encore relativement faciles à trouver, ont été rachetés par des collectionneurs et ont pratiquement disparu depuis une vingtaine d'années. Elles ont inspiré, pendant la Seconde Guerre mondiale, un autre surréaliste, le peintre Max Ernst, réfugié lui aussi aux États-Unis pour la durée du conflit (sur les hauteurs de Sedona, dans l'un des plus beaux cirques de rochers rouges de tout l'Arizona, à deux pas d'Oak Creek Canyon, dont les rouges images fulgurent dans tant de films);Max Ernst est resté hanté pendant toute sa vie par les katchinas dont on retrouve l'influence dans maintes sculptures de l'artiste.

Le Grand Canyon du Colorado se trouve justement, lui aussi, dans l'Arizona ; mais s'il est le monumental joyau de cet État, tous les paysages qui l'entourent sur des centaines de kilomètres valent la randonnée.

ARIZONA

68. Phoenix.

69. La chapelle de Holy Cross dans le désert de l'Arizona, aux portes de Sedona.

70. Wupatki National Park (Arizona). Ruines d'habitations indiennes. Il y avait ici 100 pièces sur trois étages.

71. Sur l'ancien territoire des Indiens, le verdoyant terrain du golf de Scottsdale.

72-73. Navajo National Monument (Arizona). Betatakin, site troglodytique occupé par les Indiens Anasazis au XIIIe s.

74. *Près de Tucson (Arizona). La Mission San Xavier del Bac, fondée en 1770, par les Jésuites qui cherchaient à convertir au Christianisme les Indiens de la région.*

75. *Tucson. Dans l'ancienne ville héroïque on rejoue en permanence « La Conquête de l'Ouest ».*

76. *Montezuma Castle National Monument (Arizona). Dans cette falaise on a retrouvé sur cinq étages, un village indien taillé dans le roc.*

77-78-79. Le Grand Canyon. Un phénomène géologique grandiose qui serpente sur 446 km à travers un plateau boisé.

80-81. *Monument Valley (Arizona). Un autre phénomène naturel extraordinaire des États-Unis. Sur une vaste dépression steppique et désertique, se dressent des monolithes de grès dont la hauteur varie de 335 à 610 m. Cette région a servi de cadre à de nombreux westerns (« La Chevauchée Fantastique » etc.).*

82. Arizona. Dessins indiens retrouvés à Monument Valley.

83. Certains Indiens restent encore fidèles au « hogan », hutte faite de bois, de brindilles et d'argile.

84. Sunset Crater National Monument (Arizona). Cratère de volcan de 300 m de haut.

85. Oak Creek Canyon (Arizona). Gorge longue de 26 km, célèbre par ses rochers en formes de tours, de couleur rouge, jaune et blanche, et par ses forêts.

86. Petrified
Forest
National Park
(Arizona).
Sur la Blue
Mesa (le
plateau Bleu)
les arbres
pétrifiés ont
été mis à jour
par l'action de
l'érosion.

UTAH

*87. Lake
Powell.
Un décor
désolé
pour faire
du hors-bord.*

88. *Salt Lake City. Capitale de l'Utah. La ville tire son nom du grand lac salé situé à 27 km au nord-ouest.*

89. *Sur le cours du Colorado, l'une des boucles les plus spectaculaires du fleuve, appelée « le fer à cheval ».*

90. *Arches National Park (Utah). Arc de grès gigantesque dû à l'érosion naturelle des roches datant de l'ère jurassique.*

91. *La vallée des Gobelins (Utah) est ainsi nommée car ses rochers évoquent l'allure des lutins difformes et malveillants présents dans le folklore des pionniers.*

92. *Bryce Canyon National Park (Utah). Ensembles rocheux étonnants de couleur rouge et orange, d'une trentaine de km de long, situés au bord oriental du « pays des castors », à quelque 2 500 m d'altitude.*

COLORADO

93. Great Sand Dunes National Monument. Ces dunes de sable colorées ont plus de 200 m de haut.

94. *Mesa Verde National Park (Colorado). Sur le Plateau Vert, quelques-unes parmi les majestueuses ruines indiennes, celles de Cliff Palace.*

NEW MEXICO

95. Taos. Village indien (à 2 000 m d'altitude) merveilleusement conservé et toujours habité, qui attire de nombreux touristes.

96. Chaco Canyon National Monument. Les ruines du Pueblo Bonito (« Joli village »), IX-XIIᵉ s.

97. St Francis of Assisi Mission Church. Située près de Taos, cette église, à deux tours, fut construite par les Franciscains au XVIIIᵉ s.

98. *Rocky Mountain National Park (Colorado). De part et d'autre de la ligne principale des Montagnes Rocheuses. Neiges sur les sommets, torrents et lacs dans les vallées. Ici, le lac de l'Ours.*

NEVADA

99. Las Vegas.

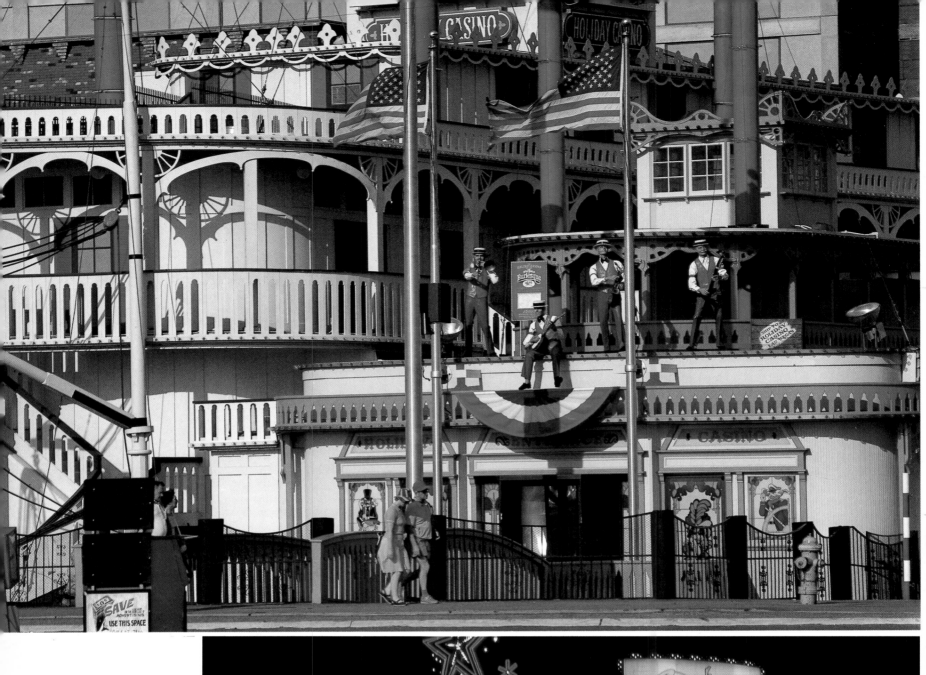

100-101. *Las Vegas. Sur la route de la Californie, la plus grande ville du Nevada, capitale du jeu, reçoit près de dix millions de visiteurs par an.*

102. *Une vue panoramique des lumières de Las Vegas.*

CALIFORNIE

103. Point Lobos sur le Pacifique.

*104. Death Valley. La Vallée de la Mort comprend des vallées désertiques
et des chaînes de montagnes aux paysages tourmentés.*

105. Palm Springs. Une palmeraie aux portes du désert.

106. Calico. Une ville fantôme.

105 | 106

107 ▷

107. Californie. Fermes et vignobles sur les collines du Livermore, près de San Franciso.

*108. San Francisco. Le cable car est un tramway tracté comme un funiculaire qui escalade toutes les pentes
de la ville (jusqu'à 21 %) pour la plus grande joie des habitants et des touristes.
Au centre de la baie on aperçoit l'île d'Alcatraz qui servait jadis de prison.
109. Entre mer et ciel jaillit la ligne rouge et pure du pont que l'on considère
comme le plus beau du monde, le Golden Gate (la porte d'or).
Achevé en 1937, il est long de 2,7 km et large de 27,6 m ; sa hauteur est de 67 m au-dessus de la surface de l'eau.*

110-111. Faubourg de Los Angeles. La station balnéaire de Santa Monica et la colline de Hollywood.

*112. Los Angeles.
Le quartier
mythique de
Beverly Hills
où l'on compte
le plus de vedettes
au mètre carré.*

113. Sequoia National Park, au nord de la Californie, non loin de San Francisco : la forêt géante aux arbres millénaires.

114. Yosemite National Park (Californie). La chute supérieure du Yosemite large de 10 m se déverse presque verticalement 436 m plus bas.

3

Le Grand Canyon. Très rares sont les photos ou les descriptions qui rendent justice à cette splendeur multiple. De tous les spectacles dont est faite l'Amérique, celui-ci est certainement le plus impressionnant. Si la faille creusée par le puissant Colorado dans la roche même est longue d'une centaine de kilomètres, le segment le plus couru, le plus fréquenté à juste titre, s'étend sur une dizaine de kilomètres, en un point (Canyon Village) où la blessure a vingt-quatre kilomètres de large, et où se concentrent toutes les facilités touristiques, y compris les possibilités de descendre au fond de la gorge, profonde à cet endroit de 1 600 mètres. Attention, il convient de prendre très au sérieux l'avertissement situé à quelques centaines de mètres du haut de la crête, où un panneau signale qu'à partir de ce point il est imprudent de s'aventurer sans une gourde et deux litres d'eau par personne ; même pour une simple promenade d'une heure ou deux sur le sentier, la déshydratation risque en effet de se faire péniblement voire dangereusement sentir.

Comment essayer de rendre le sentiment que provoque la vue du Grand Canyon ? On ne peut qu'en donner une idée. A perte de vue, les parois présentent par couches irrégulières des tonalités pastel comme un arc-en-ciel debout, plaqué sur la roche, dont les nuances d'une infinie subtilité varient sans cesse, à chaque minute, avec le déplacement des rayons de soleil qui frappent chaque anfractuosité sous des angles sans cesse différents ; les jaunes, les ocres, les mauves ne sont jamais les mêmes et, comme dans un tableau savamment composé, les couleurs se modifient les unes par rapport aux autres et modifient par la même occasion le regard que porte le spectateur sur les unes et les autres.

Les plus sportifs et les plus curieux voudront descendre au fin fond de la vallée visible en contrebas (généralement à pied, car pour utiliser les célèbres mules qui transportent sur leur dos les touristes, il faut réserver plusieurs mois à l'avance). Si l'on tient à atteindre les bords mêmes du puissant Colorado qui a creusé, au fil des millénaires, cette tranchée dans le roc, la descente et la remontée demandent deux jours. D'aucuns préfèrent plonger dans le canyon en hélicoptère — émotions fortes mais moins fatigantes et aller-retour rapide. Pour la plupart des amoureux du spectacle, il suffit déjà de marcher, quelques kilomètres à peine, sur le confortable sentier des crêtes, bien aménagé, pour faire provision de merveilles et de cartes postales mentales. Plus que jamais, le sentiment d'espace est ici saisissant ; et c'est bien dans l'espace, matériau privilégié, que des artistes titans semblent avoir sculpté leur chef-d'oeuvre polychrome.

4

D'aucuns voudront profiter de la proximité du Nevada pour faire escale à Las Vegas. Le désert Mojave (ou Mohave) qui y mène et l'entoure n'a certes pas la grandeur épique des grandes étendues de l'Arizona. (C'est vers le nord au contraire, en direction de l'Utah, qu'il eût fallu se diriger pour voir l'explosion de Technicolor que représentent, encore et encore, Monument Valley et les paysages environnants.) Mais la route de la Californie passe commodément par Las Vegas et le Mojave permet à son tour des réflexions intéressantes. On pourra y voir au moins l'une de ces villes fantômes qui font la joie des visiteurs et où l'on ne peut manquer de s'arrêter, au passage, pour évoquer le souvenir de ces chercheurs d'or de la haute époque, dont un grand nombre, faute de trouver un filon pour leur compte, ont fini par louer leurs services aux compagnies minières et par tirer du désert des minerais, tels que le cuivre, plus prosaïques mais non moins rentables. Les aventuriers malchanceux étaient trop heureux d'y trouver un bon salaire, moyennant quoi l'exploitation intensive et mal organisée du sous-sol épuisait en quelques années le fructueux gisement, généralement à ciel ouvert. Une fois la mine fermée, les travailleurs s'en allaient et l'agglomération désertée était rendue au désert.

Ces anciennes villes de mineurs, naguère livrées à l'abandon, ont été aujourd'hui partiellement reconstituées et font partie du patrimoine national américain. Celle de Calico, par exemple, qui n'est pas l'une des plus grandes ni des plus spectaculairement frelatées, offre justement l'avantage d'être typique. Document ou attraction, on n'y trouve pas, comme ailleurs, une pancarte ironique «Attention, passage de fantômes», mais le touriste y est accueilli, avec l'humour dû à son rang, par un shérif en tenue d'époque qui lui demande de signaler tout hors-la-loi dont il aurait pu faire la rencontre. La bourgade ne comporte plus qu'une cinquantaine de maisons dont six ou sept seulement sont authentiques et les autres presque entièrement reconstituées. Le matériel a été trouvé sur place et remis en état ou ramené de quelque autre endroit similaire. Train à wagonnets ou chariot de pionniers ajoutent de l'authenticité au décor. La pittoresque pompe à incendie est d'époque, mais elle vient de San Francisco où elle a servi lors du grand incendie. Comme à Williamsburg, les habitants sont en costume. A vrai dire, les maisons ont l'air de sortir d'un film avec les figurants qui les occupent.

Mais rien ne saurait confirmer avec plus de force les réflexions que nous faisions au début du présent volume sur les composantes de la culture américaine, dont l'Ouest des pionniers forme un élément essentiel. Il y a ici l'équivalent du passé médiéval européen, sauf que ce passé remonte à un siècle.

On ne peut manquer de comparer, au passage, cette reconstitution réussie et suggestive, même si elle n'est pas toujours très convaincante, avec ce que le voyageur a pu voir, peut-être, moyennant un détour, sur la route de Phoenix à Sedona : une autre ville fantôme, celle de Jerome, qui n'a pas fait l'objet d'une mise en scène aussi attentive, et offre au regard désolé le spectacle de ses carcasses ruinées et sordides. D'aucuns aimeront cette authenticité où le romantisme trouve peut-être son compte, mais à la tristesse de Jerome, lugubre comme un glas, d'autres préféreront la paradoxale joie de vivre qui émane de Calico, non moins morte pour autant...

Laquelle de ces deux images est la plus fidèle à l'esprit de l'Ouest, la vibrante reconstitution anachronique ou les ruines sur lesquelles viendra se complaire ou se lamenter quelque moderne Chateaubriand ?

Et pour compléter ces réflexions sur le temps et l'histoire, il ne faut pas manquer de signaler que, sur la route de Las Vegas justement, se trouve par contraste un autre souvenir historique, plus proche de nous : le formidable barrage du Hoover Dam (précédemment appelé Boulder Dam pendant le temps de sa construction, au cours des rooseveltiennes années trente) qui a permis de donner du travail aux chômeurs de la Grande Dépression tout en électrifiant l'ensemble de la région. Une digue-rempart de 220 mètres de haut, longue de 380 mètres, y forme l'équivalent moderne et industriel des châteaux forts. Elle retient les eaux d'un lac artificiel jusqu'à 180 kilomètres de là, où les vacanciers s'adonnent à la voile et autres sports nautiques.

5

Le désert du Mojave — lacs salés, yuccas et genévriers — a vu surgir dans ses aridités l'une des cités les plus hurluberlues, les plus incroyables des États-Unis. Chacun sait que le Nevada s'est procuré des ressources substantielles, inespérées pour cet État pauvre, grâce à l'ingéniosité (d'une moralité peut-être discutable) de ses législateurs. Les deux industries les plus lucratives de l'État sont en effet le divorce et le jeu qui bénéficient, au Nevada, d'un statut privilégié.

La grand-rue de Las Vegas donne irrésistiblement l'impression d'un carnaval architectural où tous les bâtiments seraient déguisés. Mauresques ou vénitiennes, se réclamant de Paillasse ou du flamand rose, les constructions extravagantes se succèdent dans un paysage de palmiers et de néons. Mais tous ces palaces et casinos ont un trait commun : ici l'on joue toujours — et parfois l'on joue en attendant qu'expire le délai légal qui permet d'obtenir un divorce sans obstacle, peut-être suivi d'un mariage rapide dans l'une des multiples chapelles nichées entre deux casinos et non moins pittoresques, à l'enseigne de Cupidon.

Devant celui qui franchit innocemment, pour la première fois, la porte fumée d'un grand hôtel, la vue qui s'offre est positivement stupéfiante. Il s'attendait sans doute à trouver le hall classique, luxueux et bien connu d'un palace traditionnel. Point du tout. Sous ses yeux, dans un espace apparemment démesuré, se déploie l'agitation presque hallucinante d'une fourmilière. Des centaines, des milliers peut-être, d'êtres humains, côte à côte, alignés devant des machines à sous identiques et multipliées comme sous un effet de miroirs, se livrent à une série de petits gestes mécaniques, toujours les mêmes, répétés à l'infini : lever la main, introduire une pièce dans la fente, baisser un levier, lever la main... De temps à autre, une variante : le joueur chanceux ramasse une poignée de jetons et reprend son manège appliqué, presque studieux : lever la main, introduire une pièce...

Les visages ne sont pas tous inhumains, somnambuliques ou déformés par un rictus d'angoisse et de passion. Il est des joueurs amusés, des amateurs curieux, des touristes désireux de sacrifier au rite. Mais certains d'entre eux se verront entraîner comme malgré eux et passeront la nuit devant les petites machines diaboliques et cliquetantes, s'ils ne se laissent séduire par les croupiers qui officient sur des tapis verts où roulent les dés et circulent les cartes. De belles ouvreuses, serveuses, cigarières, plus déshabillées que distinguées, passent d'un air las et désabusé entre les rangs. Elles savent que fort peu de leurs clients demeurent encore sexués et que les mains des joueurs, noires d'avoir tripoté des jetons, ne se poseront pas sur elles avec autant d'avidité que sur les machines.

Cela dit, les chambres que par centaines ces palaces entassent au-dessus des salles de jeu sont tarifées à un prix sans aucune commune mesure avec leur luxe tapageur. Ce n'est pas sur le prix de la nuitée, évidemment, que compte la direction pour faire des bénéfices. Mais c'est certainement ce qui attire aussi les touristes empressés dont la longue file d'attente s'étire, chaque après-midi, devant les réceptionnistes chargés de distribuer les chambres à la chaîne, car le mouvement ici est incessant.

Les célèbres spectacles ou dîners-spectacles de Las Vegas ne sont pas moins réputés que les salles de jeu et les plus grands artistes des États-Unis se relaient sur les scènes des palaces.

S'il est interdit aux enfants mineurs de jouer pour de l'argent, les préoccupations morales n'empêchent pas que l'on se soucie de cultiver cette clientèle future. Un casino appelé Circus Circus est tout particulièrement réservé à cette classe d'âge. Gamins et gamines se pressent au premier étage dont le vaste balcon surplombe le casino où les parents continuent de jouer à cœur joie tandis que leur progéniture s'amuse à contempler des acrobates qui trapèzent au-dessus de la foule. Mais attention, ce balcon réservé à la jeunesse n'est pas immunisé contre la fièvre générale, bien au contraire : les mouflets y trouvent d'innombrables occasions de mettre à l'épreuve leur chance ou leur adresse, moyennant quoi, pour une piécette, ils pourront gagner d'innombrables animaux en peluche. Ainsi acquerront-ils à la fois le goût du jeu et un sympathique souvenir de Las Vegas où ils reviendront quand ils seront grands.

VIII

LES CALIFORNIES

Un tiers d'écorce, un tiers d'eau et un tiers de Technicolor
L'équivalent urbain du serpent de mer
Un sol sacré pour les cinéphiles
Ramona-ci, Ramona-là
Le château du citoyen Kane
Dans la rue de la Sardine
Contempler les courses de sous-marins
Un jet de flèche rouge au-dessus des eaux bleues
Le trop-plein du rêve américain

1

Les hommes ont toujours couru après le soleil, vers le couchant, dans l'espoir tenace d'y trouver l'or en fusion de l'astre du jour. Déjà dans l'Antiquité, les Hespérides, le pays des pommes d'or, c'était Sefarad, le pays qui est le plus à l'ouest, l'Espagne. On y trouva des oranges. Par quelle intuition étonnante l'humanité savait-elle qu'au bout du voyage elle récolterait de l'or en Californie ? Un peu plus tard, il est vrai, en 1848. Et il n'y en eut guère pour tout le monde. Beaucoup n'y rencontrèrent pas de scintillantes pépites, mais une mort obscure dans un canyon (ô my Darling, chère Clémentine !)

Cent ans plus tard, les paysans ruinés par la sécheresse, dans l'Oklahoma, sont venus eux aussi, en quête d'une terre promise, pour fuir leurs champs brûlés, pendant les années trente, dans leurs guimbardes cahotantes, le long de la route 66, la célèbre voie transcontinentale au cours d'une épopée qu'a contée Steinbeck dans *Les raisins de la colère* et qu'a photographiée l'équipe recrutée par Roosevelt pour donner du travail aux artistes — Ben Shahn et autres — lors de la crise.

(La fin de l'histoire n'est pas dans le roman ni dans le film. Les Okies, une fois parvenus à destination dans les vallées autour de Salinas, ont commencé par loger sous la tente et travailler dans les vergers ou les champs de salades, participer aux grèves que ce même Steinbeck a racontées également dans son roman *En un combat douteux*, avant de s'intégrer à la population, où ils sont devenus des Californiens comme les autres, c'est-à-dire généralement aisés sinon riches, ce qui n'a plus rien de romanesque.)

Mais la Californie n'est pas le verger que d'aucuns imaginent. S'il est faux de prétendre, comme les humoristes, que ses fruits somptueux sont faits pour «un tiers d'écorce, un tiers d'eau et un tiers de Technicolor», les vignes et les orangeraies, sans parler des autres jardins d'Eden, sont circonscrites à des vallées privilégiées. A vrai dire, la route de Las Vegas à Los Angeles laisse, sur la droite, la vallée de la Mort, de sinistre mémoire. Peu d'imprudents égarés parvenaient à s'en échapper, aux temps héroïques. Une bonne partie de la côte et tout l'intérieur de l'État (divisé en deux régions : Californie du Sud et Californie du Nord, à cause de son étirement) dans le prolongement du Mojave sont aussi arides que lui.

Est-ce pour conjurer le sort que les premiers habitants de la Californie du Sud ont appelé leur ville Nuestra Señora la Reina de los Angeles (Notre-Dame la reine des Anges), un nom presque aussi long qu'une incantation ? Il n'en est resté que les deux derniers mots, Los Angeles, que les navigants aériens prononcent «Los» et les indigènes L.A.

L.A. n'est pas une ville, mais l'équivalent urbain du serpent de mer. L'agglomération a quelque cent vingt kilomètres de long (la distance de Paris à Orléans) tant et si bien que des autoroutes municipales la traversent de part en part. Elle n'a pas non plus de centre, mais une constellation de noyaux divers autour desquels s'ordonnent ce qui serait ailleurs des banlieues. (On appelle quand même *downtown*, «centre-ville», le quartier de la mairie.) Au cours de sa croissance tentaculaire, elle a même englobé par mégarde des faubourgs qui demeurent indépendants bien que pris dans la masse, comme Beverly Hills, le quartier résidentiel fastueux où vivent les stars.

Il faut évidemment y visiter Disneyland, modèle original sur lequel a été copié Disney World (voir ci-dessus chapitre VI) et Hollywood dont le nom s'inscrit en gigantesques lettres blanches sur sa colline.

Mais l'excursion aux studios n'est pas ce qu'elle était. Disons-le d'emblée, le touriste n'a plus aujourd'hui aucune chance d'assister au tournage d'un film, ni de prendre un snack dans quelque cantine au contact des vedettes comme ce fut le cas en des temps révolus. Cela signifie-t-il qu'il faille se priver de la visite et du plaisir de fouler un sol sacré pour tant de cinéphiles ? Probablement pas, car les studios Universal — seuls ouverts au public — ont organisé pour les foules d'envahisseurs un accueil qui vaut le déplacement. Les cars de ramassage viennent chercher les visiteurs à leur hôtel. Direction : le théâtre chinois. C'est là que les vedettes ont imprimé dans le ciment l'empreinte de leurs pieds ou de leurs mains avec leur signature. Le théâtre — un cinéma, bien sûr — n'appartient pas au quartier chinois de la ville et doit son nom au style sino-fantaisiste qui inspire sa construction. Départ pour les studios. L'entrée majestueuse du parc est digne d'un décor de film, avec son immense allée de palmiers. Les cars débarquent leur cargaison devant l'enceinte où, comme dans une gare de triage, des dizaines de trains miniatures s'alignent, chargent les arrivants et partent de minute en minute dans un ordre impressionnant de précision. Première étape, le vaste amphithéâtre qui peut contenir des milliers de personnes debout et où des spécialistes font la démonstration de tous les effets spéciaux et autres trucages : comment obtenir des combats d'animaux préhistoriques, des incendies ou des tremblements de terre sur maquettes ; comment on simule une marche dans l'espace, avec l'aide de deux spectateurs en tenue d'astronautes suspendus à un câble invisible, et autres secrets des gens de l'art.

Retour aux minitrains. La visite comporte une longue excursion dans l'aire de stockage des décors. On y voit en vrac un quartier typique du vieux Sud, un ranch de l'Ouest ou un coin de rue new-yorkais au siècle dernier. Les cinéphiles les plus enragés reconnaîtront au passage tel porche ou tel mur utilisé dans un film dont ils citeront le titre pour l'édification des voisins. Dans un étang, un requin mécanique se précipite sur un innocent pêcheur, quand n'évolue pas dans les parages un sous-marin supposé atomique. Un pont s'écroule — ou presque — sans le moindre dommage, sur le passage du wagon, avant qu'une pluie diluvienne s'abatte alentour grâce à des douches bien réglées sur les arbres, vrais ou faux, du paysage ; l'inondation que provoque cette averse déferle dans un rugissement terrifiant pour être absorbée par des canalisations bien dissimulées, juste au moment où elle menace d'emporter les touristes eux-mêmes.

La visite se termine dans le parc d'attractions où, de quart d'heure en quart d'heure, se succèdent en diverses arènes des spectacles vivants que l'on espère extraits d'un film ou d'un autre: combats de hors-la-loi ou de personnages plus ou moins fantastiques, voire prestations d'animaux savants.

Pour ceux qui préfèrent les oeuvres d'un autre art, le musée fondé par le milliardaire Paul Getty, ou bien le Los Angeles County Museum of Art, recèlent leur contingent de peintures et sculptures mondialement connues. Le campus local de l'université de Californie (UCLA) attirera les étudiants invétérés ou les intellectuels curieux. Et l'on peut aussi, moyennant un trajet plus ou moins long mais généralement d'une heure au moins, aller se baigner dans le Pacifique sur les plages avoisinantes, dont Santa Monica est la plus accessible.

Plus au sud, en direction de la frontière

mexicaine toute proche, c'est la ville de San Diego, où l'université servait de base au philosophe contestataire et vaticinant Herbert Marcuse dont les invectives lancées à la société de consommation firent mouche au cours des années soixante.

Les orangeraies et autres vergers de la région y ont attiré les conserveries de jus et de fruits qui fournissent du travail à des Mexicains, hommes et (surtout) femmes, durs à la peine, dont le rêve est de rester aux États-Unis : «Pas pour nous, disent-ils, mais pour nos enfants», moyennant quoi leur horaire de travail est effarant et leur fatigue considérable, mais leur condition infiniment meilleure que dans leur pays d'origine.

2

La route du Nord qui mène à San Francisco donne une bonne idée de la variété des deux Californies. Voici tout d'abord, le long de la mer, le chapelet des plages où l'on nage et l'on surfe et dont Malibu est la plus courue.

Bientôt ce sera la vieille mission espagnole de Santa Barbara, l'une de ces églises catholiques, installées par les prêtres ibères dont le célèbre Junipero Serra, qui possède sa statue au Capitole de Washington, dans la galerie des grands hommes. Le style colonial du vaste empire de Charles Quint et de Felipe Segundo (Philippe II) sur lequel le soleil ne se couchait pas, déploie ici ses fastes, où la couleur locale indienne se mêle à des éléments renaissants et baroques. Car la Californie ne fut acquise par les États-Unis qu'à la veille même de la ruée vers l'or, en un temps où les possessions espagnoles s'étaient divisées en nations indépendantes, parcourues de révolutions endémiques et écartelées entre des forces centrifuges.

Le Mexique céda ici la place devant l'arrivée des pionniers. Il reste pourtant sur la côte californienne deux missions d'une beauté exceptionnelle, celle même de Santa Barbara et, près de San Francisco, celle de Carmel. Le cachet romantique de ces constructions ne tient évidemment pas à l'architecture, d'une noble ordonnance, mais à la légende. Si le romantisme européen fut sensible à une mode espagnole plus ou moins fictive (ce dont témoignent les Carmen et leurs soeurs, racontées, peintes ou chantées) l'Union n'avait pas le loisir de se passionner avec un Chateaubriand pour *Le Dernier des Abencérages*, pas plus d'ailleurs que pour *Atala*, ni avec un Prosper Mérimée, pour une Espagne *de pandereta*... Elle avait, nous l'avons vu, autre chose en tête, à une époque où elle entamait sa vie indépendante.

Il fallut l'adhésion de tout le Sud-Ouest et de la Californie aux États-Unis pour que la tradition espagnole se saisît des imaginations américaines. Mais depuis lors, elle n'a cessé d'alimenter un intérêt sentimental. *Ramona*-ci, *Ramona*-là. Quoi qu'il en soit, la mission de Santa Barbara et autres du même style, avec leurs polychromies imitées de celles de Castille ou d'Aragon, leurs saints sculptés si étrangers à l'esprit protestant des pionniers, leurs éléments d'une liturgie catholique et romaine, exercent plus que jamais leur séduction sur une Amérique qui cultive maintenant avec zèle les «différences». Le visiteur y trouvera des émotions artistiques fort dépaysantes dans le contexte *made in U.S.A.*

Autre saut dans le temps, celui qui nous mène, un peu plus au nord, au château d'un Hearst mégalomane plus connu du public européen pour avoir servi de modèle au *Citizen Kane* d'Orson Welles. Le magnat avait construit — en plein XXe siècle ! — cette peu croyable forteresse pour sa maîtresse, Marion Davies, dans le désert de San Simeon mais à distance raisonnable de Hollywood où il voulait la voir triompher comme star. On peut se passer de la visite pour ne pas se gâter le goût.

Il ne faut pourtant pas hésiter à prendre la route de la corniche, plus dure que celle de l'intérieur, pour gagner San Francisco par Big Sur et ses rochers, ses vues plongeantes sur la côte découpée et le Pacifique aux bleus changeants, où plane encore le souvenir de Henry Miller et de sa belle Eve. Le beatnik Jack Kerouac en a parlé, lui aussi, dans son style crépitant caracté-

ristique. («Ce n'est pas de l'écriture, c'est de la machine à écrire», disait méchamment Truman Capote, à ce propos.) Et le poète Robinson Jeffers a composé, devant les brisants de cette côte, ses plus beaux vers. Sans parler du conteur Richard Brautigan, à la poétique ironie — voire de potées d'écrivains moins connus du public.

Comment ne pas rappeler, en contrepoint, qu'à cette débauche de littérature répond l'imagination scientifique d'autres poètes non moins inspirés : les techniciens-inventeurs de la Silicone Valley, tout près de là, hautement spécialisée dans la recherche électronique. On y met au point, en ses villages-laboratoires, les ordinateurs individuels les plus pittoresques, comme cette machine Macintosh sur laquelle rédigent aujourd'hui précisément les écrivains, ou les plus grosses calculatrices auxquelles se fient les astronautes pour les ramener sur Terre.

A l'intérieur des terres, Salinas que nous avons déjà évoquée, règne sur les riches vallées dont Steinbeck (encore lui) s'inspirait pour ses *Pâturages du ciel* et tant de récits tendres ou tragiques comme *Des souris et des hommes*. Non sans raisons : il était né à Salinas même. Nous le retrouverons bientôt, une fois encore, à l'étape de Monterey, dernière halte avant San Francisco, car c'est là que le grand romancier (prix Nobel de littérature) a situé sa *Rue de la Sardine* et plusieurs livres de la même veine.

Signe des temps : les carcasses des usines désaffectées bordent cette rue, où, à l'époque de Steinbeck, les pêcheurs vendaient leur poisson que l'on engouffrait aussitôt dans les conserveries alignées le long des trottoirs. Les sardines, victimes d'une pêche trop intensive, ont disparu ; les pêcheurs s'en sont allés ou se sont reconvertis comme les ouvrières. Mais attention, ces murs apparemment abandonnés renferment désormais une activité bien différente : faisant fond sur la notoriété conférée à la rue par l'écrivain, des restaurateurs, des antiquaires et autres y ont installé comme dans des galeries marchandes un commerce touristique et des boutiques de luxe. Le logis de Doc a été transformé en club. De la maison «Au drapeau de l'Ours», de galante mémoire, il ne reste qu'une enseigne apocryphe, mais il y a toujours une épicerie pour remplacer celle du roman.

Pour le reste, Monterey est désormais une ville élégante comme sa voisine Carmel ; les joyeux drilles, clochards et paisanos de *Tortilla Flat* n'y ont plus leur place... Une route panoramique, à péage, permet de contempler à loisir les beautés de sa péninsule, rochers à phoques ou sycomores spectaculaires, entre des clubs pour multimillionnaires — en des lieux où naguère, comme l'auteur de ces lignes peut en témoigner, les jeunes gens du voisinage venaient garer leur voiture, la nuit, pour (en compagnie de leurs petites amies) *contempler les courses de sous-marins* !

3

San Francisco. Il y a de l'enchantement dans l'air. Bâtie comme Rome sur des collines, la ville la plus européenne des États-Unis, sinon la plus parisienne, est à l'échelle humaine. Les Français, les Espagnols, les Indiens, les Anglo-Saxons, y ont composé une population d'un style particulier, éprise de culture et d'élégance, ce dont témoignent les magasins plus raffinés et plus chers qu'ailleurs. Enclave dans la cité, le quartier chinois en est l'une des attractions les plus fréquentées. L'autre est le *cable-car*, ce petit tram en forme de funiculaire qui ne cesse de monter et de descendre les rues à pic, emportant des grappes de passagers suspendus aux marchepieds, comme c'était le cas, hier encore, dans une ville du Vieux Monde. Sommes-nous toujours aux États-Unis ? Dans l'allégresse souriante d'un printemps perpétuel, le conducteur demandera aimablement aux voyageurs en surnombre de descendre pour quelques instants et de reprendre leurs places après qu'il aura négocié une courbe difficile... Et tout à l'avenant.

La ville, presque entièrement détruite par le tremblement de terre et l'incendie de 1906, est à la fois jalouse de son passé presque disparu et habituée aux chantiers qui remodèlent sans cesse le visage des nouveaux quartiers. S'il subsiste, dans les coins épargnés par le feu, des pâtés de maisons victoriennes traditionnelles, aux tons pastel, comme l'on en voit sur les livres d'images, les gratte-ciel poussent comme des champignons dans les secteurs livrés aux urbanistes rénovateurs.

Mais le site immuable de la baie couronnée par le pont du Golden Gate, jet de flèche rouge au-dessus des eaux bleues, offre toujours son décor fastueux au regard. La petite île d'Alcatraz qui fut la prison la mieux gardée des États-Unis (par les requins, disait-on) n'abrite plus les criminels les plus dangereux de l'Union ; ce n'est désormais qu'un point de repère, historique et géographique, au large du môle des pêcheurs, Fishermen's Wharf, où se pressent, côte à côte, les restaurants de fruits de mer les plus réputés d'Amérique. Le môle a été lui aussi colonisé par les urbanistes à qui les artistes de trottoir disputent pacifiquement le terrain. Qu'on le déplore ou que l'on s'en amuse, depuis le développement intensif du tourisme, tout ce quartier prend des allures de champ de foire.

De l'autre côté de l'eau, dans le faubourg de Berkeley, auquel on accède par un autre pont à voies et niveaux multiples, le Bay Bridge, se trouve l'université fameuse où naquit la contestation et où l'on forme des gens de science et de commerce, de lettres et d'esprit, qui continuent de découvrir l'Amérique et contribuent à la gloire intellectuelle de San Francisco.

Faut-il tenter d'expliquer la séduction de cette ville ineffable, que l'on a peine à imaginer au temps des chercheurs d'or, des saloons aux belles entraîneuses tout en jambes, des joueurs professionnels et des miliciens expéditifs (les *vigilantes*) plus prompts à pendre un homme qu'à vérifier son identité ? Moins loin de nous, les hippies bariolés y ont créé le style psychédélique, dans la vie et dans l'art, pendant les années soixante, à l'angle des rues Haigh et Ashbury, et ils ont disparu eux aussi sans laisser de traces. Le charme tient-il à l'emplacement, à la luminosité, à la mer et au climat toujours identiques à eux-mêmes et qui ne passent pas ? Les conditions naturelles n'ont évidemment pas varié, depuis les origines, mais l'homme est intervenu pour donner au site un visage sans cesse doté d'une nouvelle jeunesse. C'est l'homme qui a fabriqué le beau parc du Golden Gate sur une terre amenée à grands frais, car le sol était l'un des plus arides de la côte. C'est l'homme qui a créé dans la végétation polychrome de Sausalito, l'architecture dite californienne — où la maison et le jardin s'entre-pénètrent — avant qu'elle soit imitée dans le monde entier. Certes les phoques ont été là de tout temps, sur leur rocher, de même que les millénaires séquoias de Muir Wood, ces gigantesques arbres rouges qui comptent parmi les êtres vivants les plus vieux de la planète. Mais c'est l'homme qui a parachevé la nature, renchéri sur le décor des collines pour dessiner, entre mer et ciel, la ligne rouge et pure du pont où s'échappe vers l'Extrême-Orient, au-delà du Pacifique, le trop-plein du rêve américain.

OREGON

115. L'arrosage des cultures dans les plaines qui s'étendent au pied du Mont Hood.

*116-117. Oregon. Village et forêts sur la côte du Pacifique
et sur la plage de Florence, une colonie d'otaries.*

WYOMING

118-119. Yellowstone National Park.
A Mammoth Hot Spring, le jaillissement des eaux qui rebondissent en cascade sur les terrasses rocheuses.
Upper Geyser Basin. Plus de soixante-dix geysers et de nombreuses sources chaudes, à 2 245 m d'altitude.

120-121. La faune du parc de Yellowstone est extrêmement variée : chevreuils à longues oreilles, cerfs wapiti, et même des troupeaux de bisons dans la Hayden Valley (page suivante).

OHIO

122-123. La photographie aérienne met en valeur l'œuvre des fermiers qui sculptent les cultures en contour comme des artistes à l'opposé des immenses étendues exploitées par des escadres de moissonneuses batteuses.

SOUTH DAKOTA

*124. Mount Rushmore National Memorial. Les têtes des présidents, George Washington,
Th. Jefferson, A. Lincoln et Th. Roosevelt, d'une hauteur de 20 m, taillées dans la masse
granitique de la montagne.*

*125. South Dakota. Les bovins paraissent perdus dans les immenses pâturages de la
plaine mais sur les Collines Noires (Black Hills) de nombreux animaux
trouvent refuge dans des parcs.*

126. Randonnée dans les glaciers du Montana.

127. Vue sur les Montagnes Rocheuses.

CHICAGO

128-129-130. Chicago. De grands architectes ont fait le succès de l'Ecole de Chicago en utilisant le verre, la fonte et l'acier de préférence à tout autre matériau. Pour décorer les cours et les places furent commandées des œuvres originales aux plus célèbres sculpteurs modernes comme Miro, Picasso et Calder (De gauche à droite).

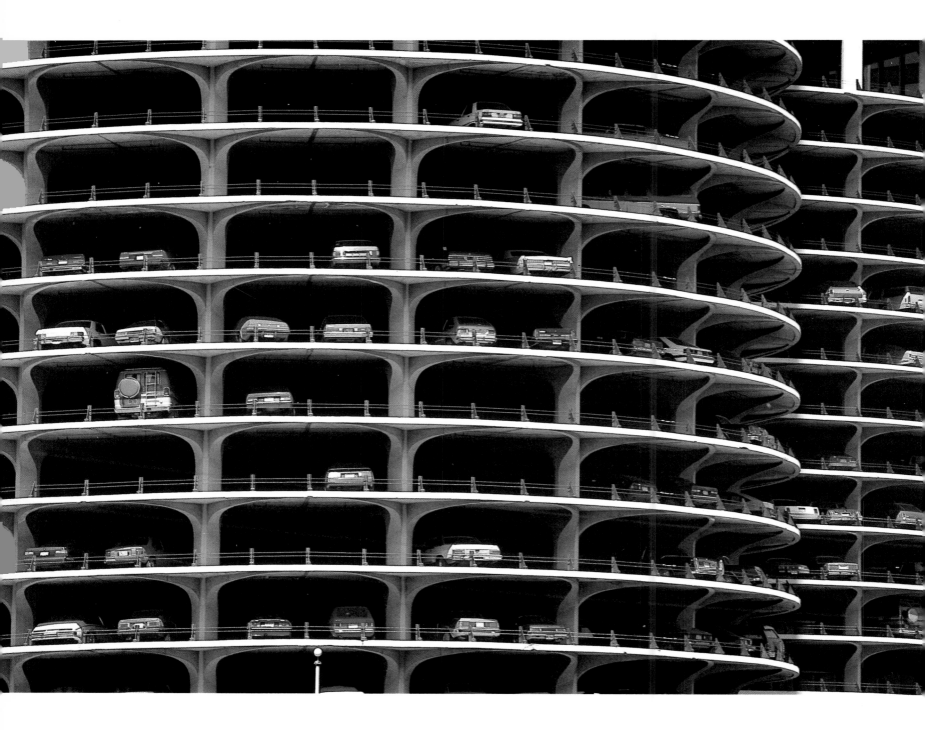

131-132. Chicago. Ce parking géant comme l'imposant Illinois State Building, deux exemples d'architecture contemporaine.

133. Chicago. Sur l'immense façade de cette tour, deux laveurs de vitres au travail.

134-135. Chicago. En face de la First National Bank Plaza, la grande mosaïque des Quatre Saisons, par Marc Chagall.

134 | 135

136 ▷

136. Chicago. L'impressionnante densité de construction de la ville dont les faubourgs s'étendent sur plus de 100 km, tout au long de la rive sud-ouest du lac Michigan.

MISSOURI

137. St Louis. Ville au confluent du Mississippi et du Missouri. Les quartiers insalubres ont fait place au parc Jefferson où se trouve Gateway Arch, une arche de 192 m de haut, en acier inoxydable, d'Eero Saarinen, qui symbolise la « porte de l'Ouest ».

PENNSYLVANIE

138. Lancaster. Au pays des Amiches, descendants de sectes germano-flamandes qui refusent catégoriquement la civilisation moderne.

139-140. Lancaster (Pennsylvanie). L'éolienne, l'attelage à quatre chevaux,   139 | 140
un mode de vie surprenant à notre époque.

141-142. Les chute.
du Niagara
vues de la rive
canadienne.
(Largeur 328 m
hauteur 55 m).
La frontière
entre les deux
Etats passe
par leur milieu.

143. Le lac
Michigan
en hiver.

◁ 141

142 | 143

144. *Eté indien dans le Vermont.*

145-146. *Rockport (Massachusetts), connu aujourd'hui pour ses galeries d'art, et Newport (Rhode Island) où débarquèrent les premiers Quakers et les Français de Rochambeau.*

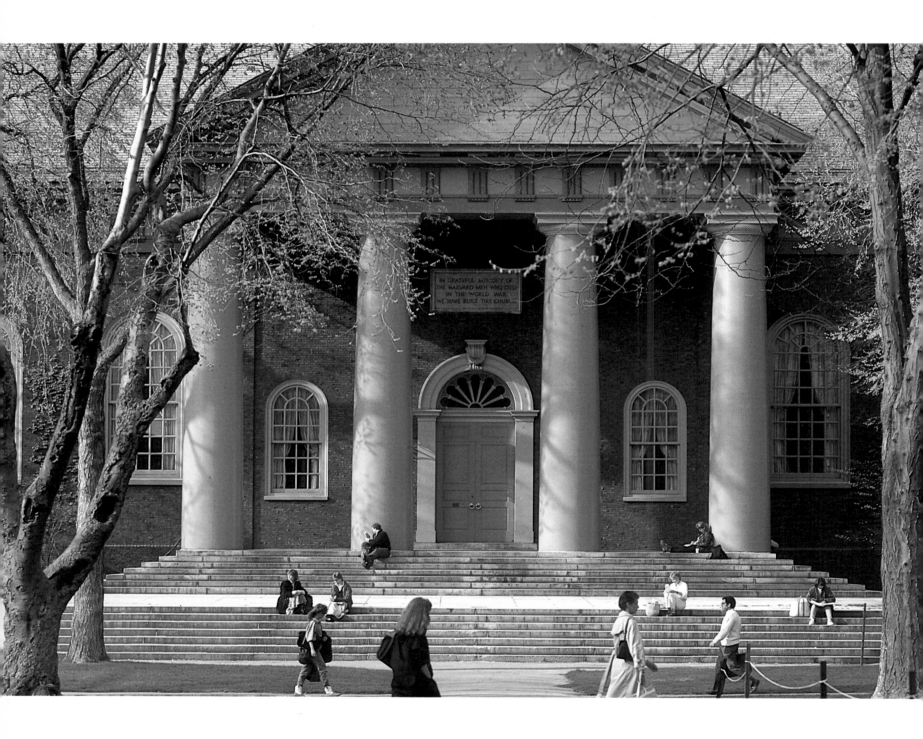

147. Harvard. La Widener Library qui possède trois millions de volumes dont
une bible de Gutenberg.

147 | 148

148. Boston. Le nouveau Centre administratif.

*149. Boston (Massachusetts). Trinity Church. Construction néo-romane achevée
en 1877 sur le modèle des sanctuaires du sud de l'Europe.*

150. Boston. La rue à la mode, Newbury Street.

151. Boston. Le Musée des Beaux-Arts comprend des collections exceptionnelles
de tableaux anciens et modernes, voire d'antiquités égyptiennes entre autres objets
très remarquables.

152. Boston. L'origine de la capitale du Massachusetts remonte à l'arrivée
d'un groupe de puritains (1630) qui y établit un régime très intolérant. Mais elle
devint au XVIIIᵉ siècle le premier foyer de l'insurrection contre l'Angleterre,
avant la guerre d'Indépendance.

IX

L'OUEST ET LE MIDDLE WEST

Un espace défini par l'épopée plus que par la géographie
La marche de la frontière
Davy Crocket, Billy le Kid, Buffalo Bill et quelques autres
Un épouvantable malentendu culturel
La loi du scalp comme façon de vivre
Du maïs transformé en viande de boeuf
Main Street : commerces, soda fountains et conformisme
Chicago : «charcutière du monde... cité aux larges épaules»
Niagara : l'ouest de l'imagination

1

Au coeur des États-Unis s'étend une immense région, une étendue définie par l'histoire ou l'épopée autant que par la géographie, taillée aux dimensions d'un continent : L'OUEST.

Comment parler de l'Ouest ? Des Alleghenies aux Rocheuses, c'est à la fois les grandes plaines et les Indiens guerriers de la Prairie ; les champs à perte de vue où poussent le blé, le maïs et toutes les céréales ; les troupeaux immenses de bovins mais aussi les élevages de porcs et de moutons. C'est également — entre le Missouri au sud et les Grands Lacs du nord — la zone qui comprend ce que l'on appelle le Middle West, sur les limites duquel on ne s'est d'ailleurs jamais bien entendu, où dans la civilisation de l'Ouest traditionnel sinon sauvage s'insèrent des villes comme Chicago (Illinois) ou Detroit (Michigan).

Une rapide description de la marche vers l'Ouest nous permettra peut-être de comprendre un peu ce dont il s'agit.

En 1786, les treize États fondateurs abandonnent à la Fédération leurs droits sur les territoires de l'Ouest déclarés désormais propriété nationale. 1787, l'Ordonnance du Nord-Ouest établit que les territoires de cette région pourront former des États et adhérer à l'Union dès qu'ils seront assez peuplés ; ils bénéficieront alors de l'égalité avec les États fondateurs. 1803, Jefferson rachète la Louisiane à la France. La même année, l'Ohio accède au rang d'État de l'Union (dix-septième membre). 1804, Lewis et

Clark partent explorer les territoires de l'Ouest. 1805, les deux explorateurs atteignent le Pacifique au nord-ouest.

1816, l'Indiana accède à l'Union. 1818, l'Illinois accède à l'Union. 1821, la «Frontière» de peuplement atteint les rives du Mississipi. Les Mexicains expulsent les Espagnols de la Californie, ce qui aura d'importantes conséquences pour l'Union en 1848.

1827, la Grande-Bretagne accepte le *statu quo* en Oregon dans l'attente d'un traité qui donnera le terrain aux États-Unis en 1846. 1830, premier établissement américain au Texas mexicain. 1836, El Alamo succombe devant les Mexicains (Davy Crocket y est tué), mais les Texans révoltés obtiennent l'indépendance avant de se rallier à l'Union en 1844. 1837, le Michigan accède à l'Union. 1840, des pionniers sont signalés à 450 kilomètres à l'ouest du Mississippi. 1846, l'Iowa accède à l'Union. La même année, la Californie se soulève. 1847, migration des mormons, secte persécutée à l'Est, qui s'installe en plein désert de l'Utah, près du Grand Lac Salé.

1848, entrée du Wisconsin dans l'Union. Nouvelle guerre avec le Mexique qui cède la Californie aux États-Unis une semaine avant la découverte de l'or dans le domaine Sutter. 1849, début de la ruée vers l'or. Les «mineurs» (chercheurs d'or) traversent le continent de part en part ou le contournent par l'isthme de Panama, voire par le cap Horn. 1850, la Californie accède à l'Union à titre d'«État libre».

1851, le *New York Tribune* publie un article de J.B. Lane Soul intitulé «Go West Young Man», formule qui sera reprise et rendue célèbre par Horace Greely. 1850, création des diligences de la Wells Fargo. 1859, les pionniers atteignent les montagnes Rocheuses.

1860, Lincoln, né dans le Kentucky mais établi depuis 1830 dans l'Illinois, est élu président des États-Unis sur un programme anti-esclavagiste qui déclenche la guerre de Sécession. Création du «Pony Express», courrier à cheval, à travers la prairie, qui achemine les lettres de l'Atlantique au Pacifique en vingt-deux jours seulement, de relais en relais. 1861, le Kansas accède à l'Union. Établissement du premier télégraphe transcontinental. 1862, entrée en vigueur du *Homestead Act* qui permet à tous les pionniers d'obtenir gratuitement leur lot de terres vierges. Début des guerres indiennes qui vont se poursuivre jusqu'en 1890 et où vont s'illustrer l'Apache Geronimo au sud et le Sioux Sitting Bull, au nord. 1863, Mark Twain rencontre Bret Harte à San Francisco : la ruée vers l'or continue malgré la guerre de Sécession.

1864, le Nevada accède à l'Union. 1865, profitant de la confusion qui entoure la fin de la guerre de Sécession, les Indiens se livrent à une guérilla très meurtrière en deçà de la Frontière ; vive réaction des pionniers. 1866, premiers exploits (discutables) de William Cody, surnommé Buffalo Bill. 1867, le Nebraska accède à l'Union. 1868, le général Custer traque Sitting Bull qui le vaincra en 1876 à Little Bull Horn. 1869, ouverture du chemin de fer transcontinental. 1870, sept millions de personnes sont recensées entre le Mississippi et les Rocheuses. L'Indien Cochise signe une paix précaire avec les Blancs.

1875, Geronimo sème la terreur dans l'Arizona. 1876, le Colorado accède à l'Union. Le hors-la-loi Jesse James est blessé en attaquant une banque. Il sera tué en 1882. Assassinat de Wild Bill Hickock. Wyatt Earp devient shérif. 1881, mort de Billy le Kid (Bill Booney) que tue par derrière un ancien ami devenu shérif.

1883, début du spectacle et des tournées de Buffalo Bill. 1890, écrasement de l'ultime révolte des Sioux ; entrée globale des derniers États de l'Ouest dans l'Union : l'abolition de la « Frontière » est officiellement proclamée, le territoire des États-Unis étant désormais tenu pour entièrement peuplé, d'une côte à l'autre.

Désormais une autre époque s'ouvre pour l'Ouest, celle du XXe siècle qui se remet à peine d'avoir été *les temps modernes*.

2

Si la chronologie rend bien compte de l'enchaînement des faits, il y manque pourtant un élément : le désastreux affrontement entre les Blancs et les Indiens était-il inévitable ? Pendant très longtemps, l'opinion générale a été que des sauvages sanguinaires ont essayé de massacrer de paisibles paysans ; puis, par un retournement des esprits, une fois qu'il fut trop tard, l'histoire fut présentée sous un jour entièrement différent : de nobles Peaux-Rouges auraient été massacrés par des colons cupides. Il est largement temps de jeter un regard plus lucide sur une tragédie engendrée par un malentendu culturel dont l'origine et la nature échappaient, comme bien souvent dans l'histoire de l'humanité, à la compréhension des contemporains. Les colons, imprégnés par des notions juridiques dont il était évident à leurs yeux qu'elles allaient de soi, pouvaient à juste titre considérer que la terre où ils pénétraient n'appartenait à personne. Selon les idées européennes, en tout cas. Seules des questions de souveraineté et le rapport de forces pourraient exiger que l'on conclût des traités de convenance. Si des chasseurs erraient sur des territoires incultes, ils n'en étaient nullement les propriétaires aux yeux des nouveaux venus. D'ailleurs le concept de propriété issu du droit romain qui avait fait l'objet d'une réception dans les pays de tradition anglo-saxonne était totalement inconnu des tribus. Pour les Indiens, la notion de territoire était liée à celle d'espace vital, encore qu'ils ne l'eussent pas exprimé ainsi s'il l'avait fallu. Mais pourquoi le fallait-il puisque, dans leur esprit, la chose allait, elle aussi, de soi ?

En outre, les valeurs indiennes n'avaient rien à voir avec celles des derniers arrivants. Les tribus, en lutte perpétuelle les unes contre les autres, se massacraient et torturaient à plaisir pour prouver leur courage, dans le cadre d'une morale où la loi du scalp était un mode de vie. Ces pratiques ne leur semblaient ni «sauvages» ni condamnables à aucun titre. Les partenaires jouaient leur rôle et se donnaient la réplique, convaincus de la justesse de leur comportement. D'où les «provocations» auxquelles ils se livrèrent ou que les Blancs ressentirent comme telles. Un pionnier défrichant sa terre pouvait difficilement comprendre que l'assaillant lui donnait seulement l'occasion, sinon l'honneur, de prouver sa valeur et de participer à un vaste et sanglant jeu de société. C'est ce qui explique aussi l'attitude suicidaire des guerriers chargeant follement un ennemi supérieur en nombre, en puissance

de feu et en organisation. Pendant longtemps, il ne s'agit pas tant de «conquérir» un territoire revendiqué par les Blancs ou de reconquérir un terrain perdu, que de traiter les pionniers en égaux, comme une autre tribu. Quand les chasseurs comprirent que les agriculteurs faisaient fuir ou décimaient le gibier et détruisaient la forêt, indispensables à la subsistance du clan, la guerre changea d'aspect et se transforma en un combat désespéré pour la survie d'une culture et des peuples qui la pratiquaient, mais le destin était déjà scellé.

De la part des pionniers, il est tout à fait compréhensible qu'ils n'aient pas apprécié les moeurs de leurs adversaires. Pour eux, être cloués au poteau de torture n'était certainement pas une chance de s'illustrer. Ils n'avaient pas été élevés dans cette conviction et aspiraient à tout autre chose qu'à enlever des scalps. Le massacre qui s'ensuivit fut le résultat de ce choc entre deux cultures. Pourtant, il ne faut pas s'y méprendre, comme le font tant d'âmes généreuses : les Indiens n'auraient eu aucun scrupule à exterminer les Blancs s'ils l'avaient pu, mais pour des raisons peut-être plus désintéressées sinon plus «morales» que celles des pionniers convaincus, avec un mélange de cynisme et de crainte qu'un «bon Indien» était un Indien mort.

Le drame fut que la partie n'était pas égale et que le «provocateur» mit une certaine ardeur à se faire massacrer jusqu'au moment où il comprit son erreur. Une telle explication semble rendre compte des faits. Elle rend plus déplorable encore le sort des tribus vouées à la disparition ou à l'exil, souvent à des souffrances matérielles ou psychologiques épouvantables. Ce n'est guère une consolation de penser que les descendants des victimes peuvent s'intégrer avec succès à la société américaine et le font de plus en plus fréquemment de nos jours. Ni qu'après tant d'épreuves, beaucoup d'Indiens bénéficient d'un mode de vie satisfaisant même quand ils refusent l'*american way of life* et demeurent attachés à leur mode de vie dans les réserves qu'ils quittent à leur guise s'ils le veulent et où ils reviennent quand bon leur semble.

3

Les grandes plaines qui s'étendent entre le Middle West et les Rocheuses contiennent encore des troupeaux impressionnants : trois millions de têtes dans le Montana, autant dans le Colorado, un million respectivement pour le Wyoming et l'Idaho, et ce ne sont là que des exemples. Mais les méthodes d'élevage se sont perfectionnées et si, dans certains secteurs, des cow-boys (de moins en moins nombreux) sont toujours tenus de demeurer en selle pour surveiller leurs bêtes, ailleurs, les propriétaires et leurs préposés peuvent user de jeeps ou de petits avions pour ce faire ; et la voie des airs est encore la plus appropriée quand il s'agit de lancer des milliers de balles de foin aux bêtes prises dans les tempêtes de neige et le blizzard — comme le fait parfois l'Air Force en cas de désastre naturel. La technologie a partout transformé les conditions de l'élevage et les mélangeurs automatiques offrent aux bovins du maïs et de la mélasse en flocons qui permettent à un veau d'être bon pour la boucherie en cinq mois ou de devenir un boeuf de cinq cents kilos en dix-huit mois. Les immenses champs de maïs y pourvoient abondamment, alors que les étendues consacrées au blé produisent des récoltes telles que l'agriculture américaine s'est trouvée en mesure de fournir à l'ex-Union soviétique de quoi pallier ses propres déficiences. Au demeurant, le marché est précaire, toujours exposé à la surproduction, et ce n'est certainement pas de gaieté de coeur que les États-Unis avaient dû renoncer à l'embargo établi à l'encontre des Soviétiques après l'invasion de l'Afghanistan ; le sort des cultivateurs américains dépendait de ce débouché. Il est curieux de constater d'ailleurs que ce blé est lui-même d'origine russe : ce sont des immigrants mennonites qui l'ont introduit au Kansas avec un succès étonnant.
Les États du Middle West sont eux aussi victimes de leur succès et des fluctuations des cours agricoles mondiaux. Bien que le gouvernement soutienne les prix et tente de pratiquer

depuis cinquante ans une politique efficace dans ce domaine — n'a-t-on pas payé les agriculteurs pour qu'ils s'abstiennent de semer ? —, la situation est loin d'être réjouissante. De nombreux exploitants ont dû céder leurs terres faute de pouvoir faire face aux investissements ou aux remboursements indispensables.

Si le spectacle de la «ceinture de maïs» des États-Unis est toujours impressionnant, avec ses pittoresques granges peintes en rouge, aux toits si typiquement profilés, ses immenses silos et sa population probe et conservatrice, l'humeur n'est pas toujours à l'optimisme dans les foyers.

Certes le sort des agriculteurs du Middle West a toujours été pour l'Amérique un sujet de préoccupation autant que de fierté et parfois d'indignation : préoccupation de les voir exposés à tant d'aléas économiques, fierté de leur réussite impressionnante, indignation devant l'étroitesse de leur code moral symbolisé par ce que Sinclair Lewis a stigmatisé comme l'esprit de «Main Street» (la grand-rue), forum où traditionnellement se concentraient les commerces, où se rassemblait la jeunesse autour des cinémas et des *soda fountains*, où le conformisme exerçait sa dictature. Or Main Street elle-même est en voie de disparaître sous les coups du progrès qui a multiplié les supermarchés aux alentours des petites villes, au point d'entraîner la disparition des commerçants traditionnels. Dans Main Street désormais, un peu partout, des devantures aveugles indiquent la fermeture définitive d'un magasin — dans des conditions souvent désastreuses pour l'ancien propriétaire. Des bureaux prennent la place. Faut-il se réjouir ou se désoler de voir disparaître, après tant de symboles et d'images traditionnels, ce bastion d'un puritanisme étriqué mais aussi ce lieu de vie qui dans le souvenir de tant d'Américains conserve tout le charme de leur jeunesse ?

4

Le Midwest, c'est, avant tout, ce souvenir. Mais c'est aussi, il ne faut pas l'oublier, une constellation de villes qui en sont l'antithèse : Chicago, éternelle rivale de New York, «charcutière du monde», «cité aux larges épaules», «braillarde à la voix rauque» comme l'a chantée le poète Carl Sandburg ; Detroit, marié à l'industrie automobile pour le meilleur et pour le pire ; Saint-Louis où une arche de deux cents mètres en acier inox, oeuvre de Saarinen, rappelle qu'elle fut la porte de l'Ouest.

Capitale mondiale de l'architecture, Chicago qui fut la patrie de Louis Henry Sullivan, l'inventeur du gratte-ciel, et de Frank Lloyd Wright, est aussi la plaque tournante de l'aviation américaine (après avoir été celle des chemins de fer et pour la même raison) qui fait transiter quarante millions de passagers par an sur son aéroport international. Entre les Grands Lacs et les Grandes Plaines, elle est également le noeud vital du commerce américain et elle a traditionnellement occupé la première place pour la vente par correspondance, mais aussi pour la production d'acier, ou l'imprimerie, la fabrication de matériels de radio et de télévision, la mécanique industrielle. Le

roman réaliste y a trouvé son bouillon de culture, avec Dreiser et Sherwood Anderson, John Dos Passos et Saul Bellow ; Hemingway est né dans ses faubourgs. Et c'est à Chicago que s'est constitué, en son temps, le «nouveau Bauhaus» avec les évadés du nazisme, Moholy-Nagy ou Mies van der Rohe, qui ont contribué à donner à Chicago son visage actuel, un visage qui emprunte aussi pour les économistes du monde entier celui de leur nouveau maître à penser, Milton Friedman.

5

Dernière avancée de l'Ouest vers la côte atlantique, en direction inverse de la marche des pionniers, symbole encore d'une violence qui fut celle de ces terres jadis sauvages, les chutes du Niagara à la pointe nord de l'État de New York, sur la frontière canadienne, entre les lac Érié et Ontario, forment la dernière étape de notre trajectoire dans le sens du mouvement des aiguilles d'une montre. Techniquement, nous ne sommes plus dans l'Ouest des géographes, mais déjà dans le Nord-Est ; pourtant le Niagara, c'est encore l'Ouest de l'imagination sinon celui de la carte.

Les deux imposantes cataractes qui enflammaient l'esprit des contemporains romantiques d'Edgar Poe, épris de spectacles redoutables, ne sont plus que prétexte à tourisme. Les hôtels et motels prêts à abriter, selon la coutume

de l'endroit, les jeunes mariés sentimentaux venus de tout le pays accueillent plutôt des familles entières. A l'échelle des gratte-ciel de Chicago ou de New York, de l'arche de Saint-Louis, voire du Grand Canyon, les chutes étonnantes n'étonnent plus. Leur banalisation est à l'image d'une culture que l'on dit «américanisée» et qui est plus exactement définie comme «occidentale», une culture télévisuelle qui permet d'assister en direct aux guerres ou aux catastrophes naturelles et de se transporter en personne, ou presque, sur tous les lieux du crime.

Et pourtant le fait est là. Du haut de sa falaise, depuis des millénaires, creusant chaque fois un peu plus son rocher, le Niagara continue imperturbablement à jeter bas ses tonnes d'eau par minute, indifférent à la qualité des regards qui se portent sur lui.

X
LE NORD-EST

Le signal de l'insurrection
Boston : les rues sont pavées de cœurs irlandais
M.I.T. : le lieu saint des savants et des technologues du monde
New Hampshire : le pont aux baisers

Nous avons tant parlé de ce berceau des États-Unis, le Nord-Est, avec la Nouvelle-Angleterre centrée sur Boston, où s'est faite l'histoire du pays, qu'il est à peine besoin d'y jeter un dernier regard. L'architecture de Boston, en ses vieux quartiers nobles, autour des *Commons*, exprime éloquemment que la ville fut le baston d'une aristocratie où les Lowell ne parlaient qu'aux Cabot et où les Cabot ne parlaient qu'à Dieu. Mais le gratte-ciel et toute la cité moderne parlent de l'émergence des anciens nouveaux riches – tels les Kennedy – arrivés comme des gueux et repartis comme des nababs pour essaimer à travers tous les États-Unis (le duel électoral entre John Kennedy, le futur président, et Henry Cabot Lodge Jr., en 1952, fut comme le résumé de cette histoire).

De même que les vieilles rues artistiquement pavées (« ce ne sont pas des pierres que vous foulez mais des cœurs d'immigrants irlandais morts à la peine en effectuant les pavage », disait-on), toute la ville ancienne est pétrie d'histoire que le visiteur revit en suivant le parcours fléché, balisé à son intention, entre l'élégant hôtel de ville du XVIIe siècle et l'église d'où partit le « signal lumineux » qui annonça l'insurrection en 1775. De même que la ville moderne met au jour ces souvenirs héroïques, de même l'université Harvard, fondée en 1636 dans le faubourg bostonien de Cambridge, s'est plus ou moins associée au lieu saint des savants et technologues : M.I.T., le Massachusetts Institute of Technology.

La nouvelle-Angleterre, c'est aussi Salem où, dans les demeures historiques reconstituées, voire simplement restaurées, on refait quotidiennement le procès des sorcières, avec lumières, sons et mannequins à l'appui, sous la conduite de figurants en costume, bien entendu.

C'est également un chapelet de vieilles localités comme Concord, où Emerson et le philosophe des bois, l'anarchisant Thoreau inventeur de la non-violence, vécurent au XIXe siècle sur les lieux des premières escarmouches de la guerre d'Indépendance. Fifres et tambours sont encore d'actualité dans les fanfares scolaires. Les petites maisons de bois, peintes en blanc, ou de briques rouges, confèrent à toute la région un caractère paisible, désuet et pimpant.

Le plat national de la Nouvelle-Angleterre, la soupe aux palourdes (*clam chowder*), rappelle avec insistance, si besoin était, qu'il s'agit d'une région maritime où le petit port de Nantucket a joué un rôle important dans l'histoire des baleiniers et même de la littérature : Herman Melville, auteur de *Moby Dick* — l'histoire de la baleine blanche métaphysique — est passé par là.

Mais plus encore que ses côtes, les forêts de la Nouvelle-Angleterre valent le détour, notamment en cette brève quinzaine de septembre-octobre au cours de laquelle tous les arbres virent du vert au rouge, et au jaune — paille ou or. Il faut voir le spectacle dans le New Hampshire, par exemple, qui appuie ses centaines de kilomètres boisés aux flancs des Appalaches. (Le tout petit New Hampshire a réussi à s'inscrire dans la vie politique du pays en inaugurant coutumièrement tous les quatre ans la campagne des élections primaires en vue des présidentielles.) L'État entretient avec soin sa soixantaine de ponts couverts, uniques en leur genre, qui furent tellement pratiques à l'ère d'av. H.F. (avant Henry Ford) pour abriter les voyageurs, mais aussi pour cacher les amoureux, qu'on les appelle encore «les ponts aux baisers».

Et si nous rappelons qu'en Nouvelle-Angleterre se trouvent à la fois le Rhode Island où débarqua Rochambeau, et Plymouth qui vit, bien plus tôt encore, arriver les Pères Pèlerins, nous voici revenus aux toutes premières pages de ce volume. Si cette histoire vous amuse, vous pouvez la recommencer.

XI

ALASKA ET HAWAII

De 1912 à 1959, l'Union a compté quarante-huit États et tout le monde pensait bien que ce chiffre était définitif. Les poètes célébraient comme l'espagnol Garcia Lorca les «Trece bandas y cuarenta y ocho estrellas» du drapeau américain, synonyme de liberté (les treize bandes blanches et rouges symbolisent les treize États fondateurs et il y a en outre une étoile par État de l'Union). Tout le territoire «historique» compris entre l'Atlantique et le Pacifique était en effet exploré, organisé, clos.

Mais deux territoires aspiraient encore à entrer dans la fédération ; après bien des tergiversations et des marchandages de toutes sortes, on décida de lier leur sort. Ce sont aujourd'hui le quarante-neuvième (Alaska) et le cinquantième (Hawaii) États.

1

L'Alaska avait été racheté à la Russie tsariste en 1867 par un ministre particulièrement clairvoyant, le secrétaire d'État Seward. Mal lui en prit. De même que Versailles avait fait bon marché du Canada qu'il avait spirituellement mais un peu follement appelé «quelques arpents de neige», les Américains des années 1860 baptisèrent ironiquement le nouveau territoire «la glacière de Seward». C'était une glacière cher payée disait-on : 7 200 000 dollars. Seward n'était plus là pour rire le dernier quand, en 1885, on y découvrit de l'or. Il y en avait pour 700 millions de dollars __ cent fois plus que le prix d'achat. Et

depuis que l'Alaska fait partie de l'Union, on y a entamé l'exploitation d'une réserve pétrolière qui semble bien se révéler être la quatrième du monde par ordre d'importance.

Mais ce n'était sans doute pas pour des raisons économiques que Seward avait fait ce que l'on appelait sa «folie». Inutile de souligner que cette colonie d'où les Russes se contentaient de tirer des fourrures revêtait une importance stratégique considérable, pour un esprit avisé, même avant la rivalité entre ce qui allait devenir les deux superpuissances du XXe siècle. Aujourd'hui, l'Alaska, à quelques kilomètres des côtes sibériennes, était censé remplir trois missions défensives dont la nécessité n'est plus aussi évidente que naguère : il abritait le réseau de détection avancée qui devait signaler toute attaque soviétique par le nord ; il était destiné à subir le premier choc et à repousser toute tentative d'invasion du continent américain ; il était équipé pour répliquer en cas de besoin.

A vrai dire, l'Alaska ne joue pas d'autre rôle qu'économique et militaire. Cet immense espace vide, grand comme le cinquième du territoire des autres États unis, deux fois plus vaste que le Texas, ne contient que quelque 300 000 habitants ; et si le tourisme pourrait un jour s'y développer très largement en raison de ses attraits naturels — vingt volcans, des forêts qui couvrent un tiers du pays, des glaciers d'une beauté éblouissante, des rivières à saumons — le moment n'est pas encore venu pour le vacancier moyen d'aller se faire geler les oreilles à l'intérieur du cercle polaire lequel englobe plus de trente pour cent de l'État. Certes, la présence des ours que l'on peut rencontrer assez facilement attire quelques curieux, mais l'expérience prouve qu'il y a peu de récidivistes parmi eux : une fois que l'on s'est trouvé à proximité de ces féroces plantigrades, on n'a pas toujours envie de recommencer. Cela dit, d'aucuns ont eu la chance de voir des troupeaux de rennes ou des élans (généralement du haut d'un petit avion destiné à cet usage) pour lesquels il a fallu surélever par endroits le pipeline à la demande des écologistes soucieux de protéger le mieux possible la vie des animaux sauvages. Les potentialités touristiques de l'Alaska sont énormes, mais il faudra attendre pour les exploiter sur une grande échelle que l'accueil soit organisé. Cela ne saurait tarder, au point que le magazine *Time* conseille à ses lecteurs de se dépêcher s'ils veulent visiter le pays avant la foule...

2

C'est tout le contraire à Hawaii, «la plus jolie flottille d'îles qui ait jamais jeté l'ancre sur s'importe quel océan», selon le mot de Mark Twain. Heureusement, malgré les néons d'Honolulu, les touristes n'ont pas encore réussi à gâcher les plages miraculeuses, les centaines de chutes d'eau, les fleurs, les forêts, les montagnes aquatiques qui déploient leurs splendeurs à quelque quatre mille kilomètres au sud-ouest de San Francisco. La température moyenne se situe entre vingt et vingt-cinq degrés pendant toute l'année — on ne saurait rêver contraste plus complet avec l'Alaska et ses glaces.

Même l'histoire d'Hawaii semble paradoxalement contribuer à faire ressortir tout ce qui sépare les deux territoires. Dès le milieu du XIXe siècle, les rois de la dynastie Kamehameha, mauvais gestionnaires et politiciens madrés, avaient fait des démarches apparemment surprenantes mais en réalité très avisées pour adhérer à l'Union. Il y avait de bonnes raisons à cela : des missionnaires américains avaient laissé un excellent souvenir dans l'archipel soumis aux convoitises des lointaines puissances européennes en pleine expansion impérialiste ; quelques familles de ces premiers prédicateurs s'étaient même installées à demeure dans ce nouveau paradis terrestre où elles continuaient de résider à la satisfaction générale. En outre la dynastie des Kamehameha était menacée par la banqueroute — leur État était ruiné. Un traité y remédia provisoirement. La monarchie renversée en 1893 céda la place à une république qui sollicita une nouvelle fois le rattachement du pays aux États-Unis. A vrai dire, la politique douanière de Washington était ruineuse pour les Hawaiiens ; seule l'incorporation des îles à la fédération pouvait leur apporter une prospérité qu'ils guignaient envieusement. Si Washington accepta finalement de prendre en charge l'archipel, à la fin du XIXe siècle, il fallut attendre encore soixante ans pour que l'affaire aboutît à sa juste conclusion. La part que Hawaii avait prise à la guerre — après avoir été le théâtre du bombardement de Pearl Harbor — y fut pour beaucoup. Au demeurant, avant même son accession à la dignité de cinquantième étoile, Hawaii était aussi riche que bien des États de la métropole et faisait à la Floride une rude concurrence pour les vacances d'hiver. L'ananas, la canne à sucre et autres produits de l'agriculture locale rapportent d'ailleurs autant que le tourisme. Grâce à un vigoureux brassage des races, les Polynésiens, les Blancs de toutes provenances, les Jaunes tant Chinois que Japonais ont donné naissance à des types humains justement admirés... au même titre que le paysage !

L'île d'Hawaii elle-même est la plus grande de l'archipel, et c'est là que se trouve Hilo, capitale mondiale de l'orchidée ; mais c'est Oahu qui abrite la capitale politique : Honolulu. A Maui se repose le plus grand volcan endormi du monde au pied duquel prospèrent les cultures les plus diverses. Il existe à cela une explication, encore qu'elle ne soit pas très scientifique : l'île doit sa fertilité à l'exploit d'un dieu polynésien, Maui qui, après avoir escaladé ledit volcan, réussit à saisir le soleil au passage et le contraignit à passer plus lentement au-dessus de son domaine...

ALASKA

153. Au nord de Juneau, capitale de l'Alaska, le glacier de Mandenhall.

154. Dans l'archipel Alexander, le petit port de pêche de Sitka.

HAWAII

155. Ile Maui. La statue d'Amida Bouddha dans les jardins du Centre Culturel japonais de Lahaina.

156. Ile Oahu. Le Koko Crater.

157. Ile Kauai. La côte rocheuse difficilement accessible.

155 | 156 / 157

*158. Hawai. Le front des hôtels devant le Diamond Head, à Waikiki Beach,
dans l'île d'Oahu.*

*159-160. Les touristes n'ont pas encore réussi à gâcher « La plus jolie flottille d'îles
qui ait jamais jeté l'ancre sur n'importe quel océan » (Mark Twain).*

XII

VIVRE AUX U.S.A.

L'Amérique est un spectacle
La belle et le pasteur : féminisme et «Majorité morale»
Optimisme et pragmatisme, les deux pôles de la philosophie

L'Amérique est un spectacle et ce n'est certainement pas un hasard si, à chaque extrémité du continent, se trouvent Broadway et Hollywood.

Comment vivent les acteurs sur cette scène, c'est une question sans cesse renouvelée. Si les Américains ne détiennent plus le record du PNB par habitant qui leur a été enlevé au cours de l'histoire récente par quelques pays nordiques (en toute justice) ou arabes (de façon pour le moins artificielle), la notion de produit national brut en a été discréditée plus que ne l'ont été les États-Unis par cette constatation. On ne peut plus se fier à l'étalon de Keynes pour mesurer le bien-être d'un peuple. Comment remplacer l'aune ? Faute de mieux, il convient de constater que malgré les immenses disparités qui différencient les régions, les conditions de vie matérielle des Américains tendent à s'égaliser pour la simple raison que leur vaste «marché commun» permet de s'approvisionner en produits identiques, issus de mêmes firmes, d'un bout à l'autre du continent, dans des supermarchés qui se ressemblent. Les chaînes hôtelières ou motelières jouent le même jeu, d'un Holiday Inn à un autre, de même que les établissements de restauration rapide : le M omniprésent de MacDonald s'inscrit au milieu des idéogrammes dans le quartier chinois de San Francisco. Et le marché commun des idées et des modes, celui des images et des stéréotypes télévisés ou non, y contribue encore malgré la décentralisation et la multiplicité des chaînes. Vice ou vertu, la société de consommation satisfait ainsi aux besoins, même si elle en crée un certain nombre.

En ce début du XXIe siècle, et du troisième millénaire, on constate que la fin de la Guerre froide et la conviction que partagent tous les Américains de l'avoir gagnée ont profondément modifié l'état d'esprit du pays. Comme le dit un sondeur d'opinion, il s'est produit une sorte de consensus national en politique, avec la disparition des angoisses et des terreurs anciennes. (On se souvient de formules telles que « l'équilibre de la terreur » qui définissaient naguère la politique internationale.)

Certes, le « nouvel ordre mondial » qui devait succéder à l'équilibre de la terreur et sur lequel le président George Bush avait misé prématurément n'est pas encore au rendez-vous de l'Histoire.

Mais Bill Clinton, fier de pouvoir revendiquer – à tort ou à raison – la paternité du nouveau consensus national, pour avoir présidé à huit années de prospérité économique (notamment grâce à une habile suppression des déficits budgétaires chroniques) caractérisait l'Amérique qu'il avait aidé à forger comme un pays où il existait désormais « une majorité dynamique pour le changement ». La formule vaut ce qu'elle vaut mais elle traduit un optimisme réel et évident.

Pourtant, le paradoxe veut que, malgré ce consensus et une indéniable popularité, Clinton lui-même a été l'un des présidents les plus controversés de l'Histoire récente des États-Unis. A la fois par ses initiatives économico-politiques hardies et par ses frasques sentimentales, il a contribué – avec sa femme Hillary – à modifier l'idée que les Américains se faisaient d'eux-mêmes et de leur pays. Mais si ses adversaires ont été bien près de le chasser de la Maison-Blanche à propos du scandale né de « l'affaire Monica », ils n'en ont pas moins emprunté une partie de son style et de ses idées ce qui fait enrager d'ailleurs l'aile la plus dangereusement conservatrice de la population — et celle-ci n'a pas dit son dernier mot.

Telle est donc l'Amérique qui entame le nouveau millénaire avec des certitudes nouvelles et des inquiétudes autres que par le passé. Car la nation reste profondément divisée sur certains problèmes de société – la question de l'avortement ou l'interdiction des armes à feu – et elle commence à s'interroger sérieusement sur le bien-fondé de la peine de mort dont elle fait un usage abondant. Or ce sont là des préoccupations qui touchent manifestement aux racines mêmes de la civilisation américaine à savoir l'héritage historique du puritain, du pionnier et de l'insurgent.

Reste que le problème des inégalités

sociales n'est pas vraiment résolu malgré la prospérité retrouvée. Après huit années au cours desquelles la croissance est venue à bout du chômage et continuait insolemment à défier les prédictions pessimistes en se situant à un taux annuel de 5 % en l'an 2000, il y a quelque exagération dans les banderoles et les slogans des manifestants qui prétendent compter encore « 35 millions de pauvres » aux États-Unis. En effet, ce n'est plus le tiers de la population qui vit dans la pauvreté, comme aux temps de Kennedy et de Johnson, mais dix pour cent. C'est encore trop, bien entendu, et il est certain que la question se pose, tout particulièrement pour une partie de la population noire qui continue de se dire bruyamment défavorisée malgré des progrès manifestes et impressionnants.

Cela dit, il est aisé de constater que le degré de confort des foyers est généralement supérieur à celui des principaux pays occidentaux, la surface des logements et des terrains plus grande, à des prix plus bas, le nombre de salles de bains plus élevé, l'aménagement plus adapté sinon de meilleur goût, la consommation de biens culturels beaucoup plus intense. (Seuls les loyers, dans les grandes villes, sont manifestement prohibitifs.) En trente ans, le pouvoir d'achat a doublé. Les études les plus consciencieuses que nous ayons pu faire nous permettent de le croire nette-

ment supérieur d'un bon tiers au pouvoir d'achat français pour les mêmes catégories socio-professionnelles.

Un trait vaut d'être relevé : les réfugiés, cubains ou vietnamiens, se sont intégrés sans difficulté majeure à leur nouveau cadre social. Du moins selon toute apparence.

(Les immigrés français de fraîche date semblent heureux de leur sort et ont ouvert récemment maintes croissanteries et autres entreprises « françaises » avec un succès qui ne paraît pas fictif. Certes, cela relève de l'anecdote, mais leur adaptation se fait en général de façon très satisfaisante malgré les différences du mode de vie.)

Les préoccupations des américanistes sont d'un autre ordre. Une bureaucratisation progressive, contraire à l'esprit américain, semble gagner du terrain. Certes, la fonction publique a toujours été, aux États-Unis, le refuge des malchanceux et des laissés-pour-compte du secteur privé. On n'y trouve pas la grande tradition des serviteurs de l'État qui subsiste tant bien que mal en Europe. Mais on y rencontrait naguère quelques personnalités exceptionnelles ; elles se font plus rares.

La jeunesse qui avait été trop conformiste, trop matérialiste, mais très efficace, au cours des années cinquante, puis trop naïvement contestataire pendant les années soixante et la première

251

moitié des annnées des années soixante-dix, n'est plus ni chèvre ni chou. A la « génération du moi » (la *Me Generation*) trop complaisante, voire narcissique, qui a suivi le double désastre du Watergate et du Vietnam, a succédé une génération incertaine d'elle-même qui semble chercher dans les valeurs conservatrices un cadre rassurant. Pour combien de temps encore ? L'un des aspects positifs de l'évolution récente est peut-être le retour en vogue des aptitudes physiques ; c'était urgent : le nombre des obèses était frappant dans les rues à l'époque du laisser-aller. En un temps très court s'est installée la mode de la *physical fitness* qui pousse des centaines de milliers de citadins à pratiquer le *jogging* et des dizaines de milliers à participer à des marathons, imités en cela, sur une moindre échelle, par le reste des pays occidentaux, tant il est vrai que l'Amérique reste « le banc d'essai de l'Europe », comme l'a dit un journaliste peu suspect de sympathie pour les États-Unis. Parallèlement, les belles Américaines (les femmes, pas les voitures) que certains préjugés féministes avaient contribué à détériorer retrouvent le goût de plaire : les publications concernant les soins de beauté ont rejoint sur les catalogues des éditeurs les ouvrages relatifs au secret du succès en affaires.

Quelques autres aspects discutables de la vague conservatrice actuelle concer-nent le renouveau puritain. On a pu citer en exemple les diatribes du révérend Jerry Falwell, qui tonne contre la tolérance, le relâchement des mœurs, la permissivité, la liberté de l'avortement et la libération de la femme (« Les femmes ont besoin d'un homme qui reconnaisse Jésus pour son sauveur » et il leur faut « un foyer chrétien sous l'autorité d'un époux qui croie en Dieu », cité par L.J.R. Herson, *The Politics of Ideas*). Il ne faut pas exagérer le danger présenté par certains pasteurs intolérants ; s'il est bien réel pour la liberté de l'esprit, on pourrait craindre bien plus encore que le néo-conservatisme ambiant ressuscite l'isolationnisme américain sous une forme inattendue, celle de la crainte égoïste, sinon de la pusillanimité. Il a suffi d'un attentat meurtrier contre les marines au Liban pour que les Américains applaudissent au rembarquement de leur contingent ; d'une vague terroriste en Europe pour que les touristes annulent leurs réservations. Mais où sont les G.I.'s d'antan ? Cela dit, il n'y a pas lieu de dramatiser. L'Amérique s'est toujours réveillée à temps de tous les sommeils. Elle demeure la plus grande puissance mondiale, la mieux équipée en cerveaux humains et électroniques. Son colossal potentiel économique reste justement, plus que jamais, le garant de cette puissance dans tous les domaines politique, militaire et idéologique, voire culturel, pour le meilleur ou pour le pire. Reste qu'il s'agit bien d'une civilisation particulière, d'un caractère original, et nous savons désormais que les civilisations sont mortelles. Mais celle-ci a pour trait distinctif qu'elle s'inscrit – contrairement à toutes celles qui l'ont précédée – dans un contexte planétaire. Elle en retire peut-être une chance inédite de survie, au moins en attendant la guerre des mondes.

Conclusion trop optimiste ou simple pragmatisme ? Mais l'optimisme et le pragmatisme sont justement les deux pôles de la philosophie américaine.

Marc Saporta

Seattle

WASHINGTON

Portland

Columbia

Helena

MONTANA

OREGON

DAKOTA DU NORD

Jamesto

CRATER LAKE NAT. PARK

YELLOWSTONE NAT. PARK

DAKOTA DU SUD

IDAHO

Mount Rusmore Memorial

Pierre

▲ Mt SHASTA

Snake River

GRAND TETON NAT. PARK

Black Hills

Missouri

LASSEN VOLCANI NAT. PARK

WYOMING

WIND CAVE NAT. PARK

Sacramento

SIERRA

GRAND LAC SALÉ

Cheyenne

Sacramento

Carson city

Salt Lake City

NEBRASKA

San Francisco

NEVADA

ROCKY MOUNTAIN NAT PARK

YOSEMITE NAT. PARK

NEVADA

UTAH

Denver

Monterey

SEQUOIA NAT. PARK

BRYCE CANYON NAT. PARK

ARCHES NAT. PARK

COLORADO

KANSAS

DEATH VALLEY NAT. MONUMENT

Monument Valley

Arkansas

CALIFORNIE

Los Angeles

Las Vegas

GRAND CANYON NAT. PARK

MESA VERDE

DESERT MOJAVE

WUPATKI NAT. PARK

Taos

Santa-Fe

Colorado

Flagstaff

PETRIFIED FOREST NAT. PARK

Albuquerque

Oklahom

San Diego

Phœnix

OKL

ARIZONA

NOUVEAU MEXIQUE

Tucson

Fort Worth

TEXAS

OCÉAN PACIFIQUE

GOLFE DE CALIFORNIE

MEXIQUE

Rio Grande

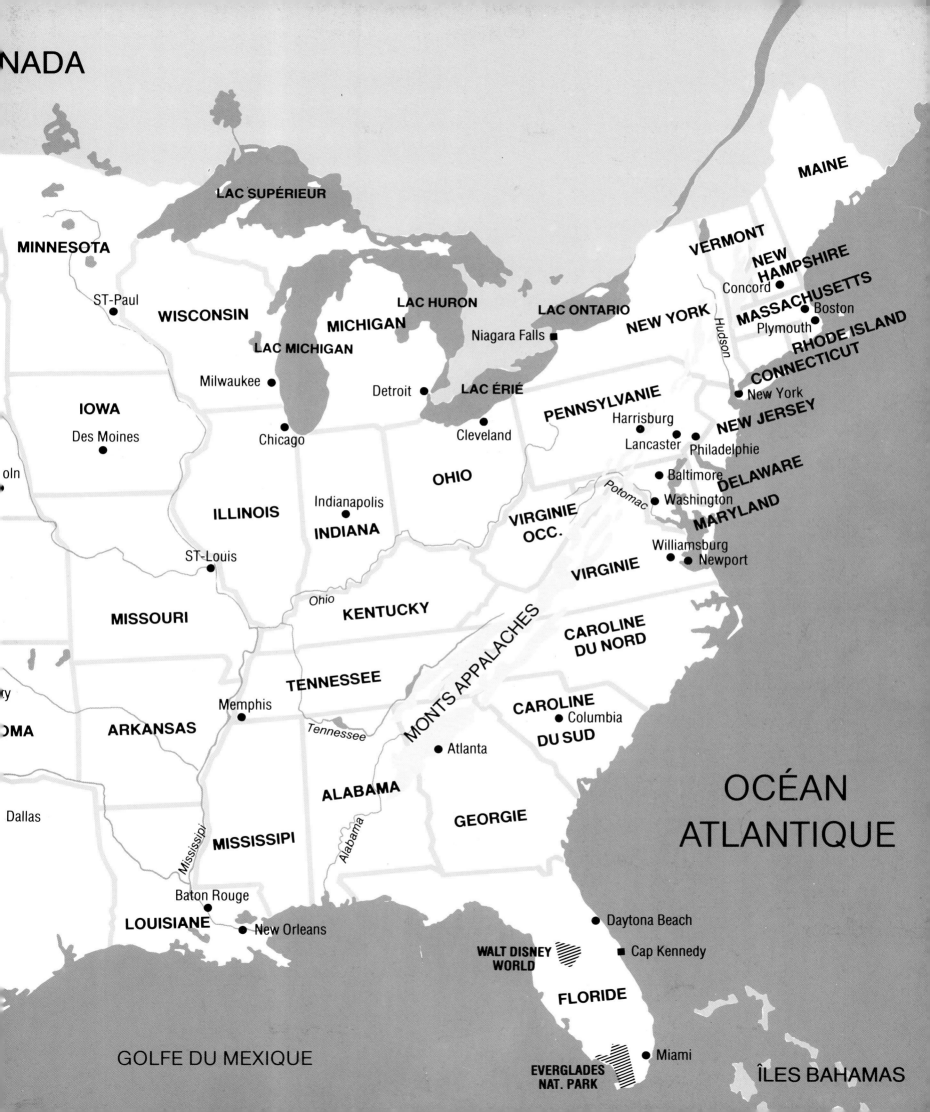

TABLE DES ILLUSTRATIONS

ARIZONA

68. Phoenix.

69. La chapelle de Holy Cross dans le désert de l'Arizona, aux portes de Sedona.

70. Wupatki National Park (Arizona). Ruines d'habitations indiennes. Il y avait ici 100 pièces sur trois étages.

71. Sur l'ancien territoire des Indiens, le verdoyant terrain du golf de Scottsdale.

72-73. Navajo National Monument (Arizona) Betatakin, site troglodytique occupé par les Indiens Anasazis au XIIIe s.

74. Près de Tucson (Arizona). La Mission San Xavier del Bac, fondée en 1770, par les Jésuites qui cherchaient à convertir au Christianisme les Indiens de la région.

75. Tucson. Dans l'ancienne ville héroïque on rejoue en permanence « La Conquête de l'Ouest ».

76. Montezuma Castle National Monument (Arizona). Dans cette falaise on a retrouvé sur cinq étages, un village indien taillé dans le roc.

77-78-79. Le Grand Canyon. Un phénomène géologique grandiose qui serpente sur 446 km à travers un plateau boisé.

80-81. Monument Valley (Arizona). Un autre phénomène naturel extraordinaire des États-Unis. Sur une vaste dépression steppique et désertique, se dressent des monolithes de grès dont la hauteur varie de 335 à 610 m. Cette région a servi de cadre à de nombreux westerns (« La Chevauchée Fantastique » etc.).

82. Arizona. Dessins indiens retrouvés à Monument Valley.

83. Certains Indiens restent encore fidèles au « hogan », hutte faite de bois, de brindilles et d'argile.

84. Sunset Crater National Monument (Arizona). Cratère de volcan de 300 m de haut.

85. Oak Creek Canyon (Arizona). Gorge longue de 26 km, célèbre par ses rochers en formes de tours, de couleur rouge, jaune et blanche, et par ses forêts.

86. Petrified Forest National Park (Arizona). Sur la Blue Mesa (le plateau Bleu) les arbres pétrifiés ont été mis à jour par l'action de l'érosion.

UTAH

87. Lake Powell. Un décor désolé pour faire du hors-bord.

88. Salt Lake City. Capitale de l'Utah. La ville tire son nom du grand lac salé situé à 27 km au nord-ouest.

89. Sur le cours du Colorado, l'une des boucles les plus spectaculaires du fleuve, appelée « le fer à cheval ».

90. Arches National Park (Utah). Arc de grès gigantesque dû à l'érosion naturelle des roches datant de l'ère jurassique.

91. La vallée des Gobelins (Utah) est ainsi nommée car ses rochers évoquent l'allure des lutins difformes et malveillants présents dans le folklore des pionniers.

92. Bryce Canyon National Park (Utah). Ensembles rocheux étonnants de couleur rouge et orange, d'une trentaine de km de long, situés au bord oriental du « pays des castors », à quelque 2 500 m d'altitude.

COLORADO

93. Great Sand Dunes National Monument. Ces dunes de sable colorées ont plus de 200 m de haut.

94. Mesa Verde National Park (Colorado). Sur le Plateau Vert, quelques-unes parmi les majestueuses ruines indiennes, celles de Cliff Palace.

NOUVEAU MEXIQUE

95. Taos. Village indien (à 2 000 m d'altitude) merveilleusement conservé et toujours habité, qui attire de nombreux touristes.

96. Chaco Canyon National Monument. Les ruines du Pueblo Bonito (« Joli village »), IX-XIIe s.

97. St Francis of Assisi Mission Church. Située près de Taos, cette église, à deux tours, fut construite par les Franciscains au XVIIIe s.

98. Rocky Mountain National Park (Colorado). De part et d'autre de la ligne principale des Montagnes Rocheuses. Neiges sur les sommets, torrents et lacs dans les vallées. Ici, le lac de l'Ours.

NEVADA

99. Las Vegas.

100-101. Las Vegas. Sur la route de la Californie, la plus grande ville du Nevada, capitale du jeu, reçoit près de dix millions de visiteurs par an.

102. Une vue panoramique des lumières de Las Vegas.

CALIFORNIE et CÔTE DU PACIFIQUE

103. Point Lobos sur le Pacifique.

104. Death Valley. La Vallée de la Mort comprend des vallées désertiques et des chaînes de montagnes aux paysages tourmentés.

105. Palm Springs. Une palmeraie aux portes du désert.

106. Calico. Une ville fantôme.

107. Californie. Fermes et vignobles sur les collines du Livermore, près de San Franciso.

108. San Francisco. Le cable car est un tramway tracté comme un funiculaire qui escalade toutes les pentes de la ville (jusqu'à 21 %) pour la plus grande joie des habitants et des touristes. Au centre de la baie on aperçoit l'île d'Alcatraz qui servait jadis de prison.

109. Entre mer et ciel jaillit la ligne rouge et pure du pont que l'on considère comme le plus beau du monde, le Golden Gate (la porte d'or). Achevé en 1937, il est long de 2,7 km et large de 27,6 m ; sa hauteur est de 67 m au-dessus de la suface de l'eau.

110-111. Faubourg de Los Angeles. La station balnéaire de Santa Monica et la colline de Hollywood.

112. Los Angeles. Le quartier mythique de Beverly Hills où l'on compte le plus de vedettes au mètre carré.

113. Sequoia National Park, au nord de la Californie, non loin de San Francisco : la forêt géante aux arbres millénaires.

114. Yosemite National Park (Californie). La chute supérieure du Yosemite large de 10 m se déverse presque verticalement 436 m plus bas.

115. L'arrosage des cultures dans les plaines qui s'étendent au pied du Mont Hood.

OREGON

116-117. Oregon. Village et forêts sur la côte du Pacifique et sur la plage de Florence, une colonie d'otaries.

WYOMING

118-119. Yellowstone National Park. A Mammoth Hot Spring, le jaillissement des eaux qui rebondissent en cascade sur les terrasses rocheuses. Upper Geyser Basin. Plus de soixante-dix geysers et de nombreuses sources chaudes, à 2 245 m d'altitude.

120-121. La faune du parc de Yellowstone est extrêmement variée : chevreuils à longues oreilles, cerfs wapiti, et même des troupeaux de bisons dans la Hayden Valley.

OHIO

122-123. La photographie aérienne met en valeur l'œuvre des fermiers qui sculptent les cultures en contour comme des artistes à l'opposé des immenses étendues exploitées par des escadres de moissonneuses batteuses.

SOUTH DAKOTA

124. Mount Rushmore National Memorial. Les têtes des présidents, George Washington, Th. Jefferson, A. Lincoln et Th. Roosevelt, d'une hauteur de 20 m, taillées dans la masse granitique de la montagne.

125. South Dakota. Les bovins paraissent perdus dans les immenses pâturages de la plaine mais sur les Collines Noires (Black Hills) de nombreux animaux trouvent refuge dans des parcs.

126. Randonnée dans les glaciers du Montana.

127. Vue sur les Montagnes Rocheuses.

CHICAGO

128-129-130. Chicago. De grands architectes ont fait le succès de l'Ecole de Chicago en utilisant le verre, la fonte et l'acier de préférence à tout autre matériau. Pour décorer les cours et les places furent commandées des œuvres originales aux plus célèbres sculpteurs modernes comme Miro, Picasso et Calder.

131-132. Chicago. Ce parking géant comme l'imposant Illinois State Building, deux exemples d'architecture contemporaine.

133. Chicago. Sur l'immense façade de cette tour, deux laveurs de vitres au travail.

134-135. Chicago. En face de la First National Bank Plaza, la grande mosaïque des Quatre Saisons, par Marc Chagall.

136. Chicago. L'impressionnante densité de construction de la ville dont les faubourgs s'étendent sur plus de 100 km, tout au long de la rive sud-ouest du lac Michigan.

MISSOURI

137. St Louis. Ville au confluent du Mississippi et du Missouri. Les quartiers insalubres ont fait place au parc Jefferson où se trouve Gateway Arch, une arche de 192 m de haut, en acier inoxydable, d'Eero Saarinen, qui symbolise la « porte de l'Ouest ».

PENNSYLVANIE

138. Lancaster. Au pays des Amiches, descendants de sectes germano-flamandes qui refusent catégoriquement la civilisation moderne.

139-140. Lancaster (Pennsylvanie). L'éolienne, l'attelage à quatre chevaux, un mode de vie surprenant à notre époque.

LE NORD-EST

141-142. Les chutes du Niagara vues de la rive canadienne. (Largeur 328 m hauteur 55 m). La frontière entre les deux Etats passe par leur milieu.

143. Le lac Michigan en hiver.

144. Eté indien dans le Vermont.

145-146. Rockport (Massachusetts), connu aujourd'hui pour ses galeries d'art, et Newport (Rhode Island) où débarquèrent les premiers Quakers et les Français de Rochambeau.

147. Harvard. La Widener Library qui possède trois millions de volumes dont une bible de Gutenberg.

148. Boston. Le nouveau Centre administratif.

149. Boston (Massachusetts). Trinity Church. Construction néo-romane achevée en 1877 sur le modèle des sanctuaires du sud de l'Europe.

150. Boston. La rue à la mode, Newbury Street.

151. Boston. Le Musée des Beaux-Arts comprend des collections exceptionnelles de tableaux anciens et modernes, voire d'antiquités égyptiennes entre autres objets très remarquables.

152. Boston. L'origine de la capitale du Massachusetts remonte à l'arrivée d'un groupe de puritains (1630) qui y établit un régime très intolérant. Mais elle devint au XVIIIe siècle le premier foyer de l'insurrection contre l'Angleterre, avant la guerre d'Indépendance.

ALASKA

153. Au nord de Juneau, capitale de l'Alaska, le glacier de Mandenhall.

154. Dans l'archipel Alexander, le petit port de pêche de Sitka.

HAWAII

155. Ile Maui. La statue d'Amida Bouddha dans les jardins du Centre Culturel japonais de Lahaina.

156. Ile Oahu. Le Koko Crater.

157. Ile Kauai. La côte rocheuse difficilement accessible.

158. Hawai. Le front des hôtels devant le Diamond Head, à Waikiki Beach, dans l'île d'Oahu.

159-160. Les touristes n'ont pas encore réussi à gâcher « La plus jolie flottille d'îles qui ait jamais jeté l'ancre sur n'importe quel océan » (Mark Twain).

161. Dans l'île de Maui.

Crédit photographique :
Photos de Gérard Sioen Rapho
à l'exception de :
E. Brissaud : 153
J. Domke : 21-22
Y. Kervennic : 143
J. Sugar : 143
G. Gester : 122
R. Mazin : 154-155-156-157
L. Vaury : 99-101-119
Messerschmidt/Slide : 67
D.R. pour : 21-22-122-123-143-154-155-156-157

Colorise : 6-54-57-58-109-111-112-150-151-152-158-159-160
Colorise/Mathieu : 1-20
Colorise/Cuisinier : 17-19
Colorise/Bacle : 89-91-102
J. Prudhomme : 46-50-52-108 et photo de couverture.

ÉTATS-UNIS a été réalisé
par les Éditions Hurtubise HMH.

Collection L'ALBUM
dirigée par Michel Laugel.

Texte de Marc Saporta
et photographies de Gérard Sioen.

Maquette de Michel Labarthe.

Suivi technique CPE Conseil.

Photogravure SNO.

Papier brillant 150 g.

Impression CPE Conseil.

Reliure SIRC.

Diffusion Hermé.

Achevé d'imprimer en janvier 2001
pour le compte des Éditions Hurtubise HMH
à Montréal (Québec)
© 2001, by Éditions Hermé - Paris (France)
Imprimé en France par I.M.E.
ISBN 2.89428-469-1